M. Cartes, N.ᵒˢ 32, 33,

G

ATLAS
ÉLÉMENTAIRE,

COMPOSÉ DE XXXIII CARTES,

Revues, corrigées et augmentées, tant des nouvelles Découvertes faites en Asie, en Afrique et en Amérique, que des nouveaux changemens politiques survenus en Europe; lequel comprend aussi la Carte générale de la *France Ancienne* et de la *Nouvelle*, celle-ci accompagnée de Cartes particulières, pour le détail du Royaume;

PRÉCÉDÉ

1.º Des Institutions Géographiques et Historiques, ou Description générale du Globe Terrestre, de toutes les Divisions de sa Surface, avec l'Explication des Modes et des Termes employés par la *Géographie*, selon le rapport que les différentes parties de la Terre et de l'Eau peuvent avoir, soit avec le Ciel, soit entre elles, soit avec l'Histoire :

2.º De la Nomenclature comparative des Départemens avec les anciennes Provinces, etc. etc.

QUATRIÈME ÉDITION,

A L'USAGE D'UN JEUNE ÉLÈVE.

PAR C. F. DELAMARCHE,

Géographe et Successeur de Robert de Vaugondy.

A PARIS,

Chez F.x DELAMARCHE et Ch.les DIEN, rue du Jardinet, N.º 13, Quartier Saint-André-des-Arcs.

1816.

P. N. ROUGERON , Imprimeur de S. A. S. Madame la Duchesse Douairière d'Orléans, rue de l'Hirondelle, n.° 22, près le Pont Saint-Michel.

AVANT-PROPOS.

A MON JEUNE ÉLÈVE.

L'Étude de la Géographie est d'une nécessité si absolue, que la honte et le repentir vous reprocheroient trop tard de l'avoir négligée. Elle est à l'Histoire ce que la lumière est à un grand tableau dont la Chronologie fixe les différens points de vue.

L'Histoire donne la succession des empires, la différence des mœurs, des usages reçus chez tous les peuples ; la Géographie transporte sur les lieux, dans ces temps reculés dont l'Histoire conserve quelques monumens. Elle fait voir que là étoit Troie, qu'ici subsistoit Athènes, et qu'à Bizance a succédé Constantinople.

Se prêtant un secours réciproque, l'une expose les détails des événemens, l'autre éclaire la scène où ils se sont passés ; tandis que la chronologie en détermine les époques.

Alexandre, qui occupe une place si grande dans l'Histoire, veut découvrir de nouvelles régions ; il pénètre jusqu'à l'Océan Indien, et se voit en danger d'être emporté avec son armée par la rapidité du flux, dont il n'avoit pas encore entendu parler.

Annibal, général des troupes de Carthage, cette fameuse rivale de Rome, voulant passer en Italie, franchit les Pyrénées, parvient au Rhône, et, du bord de ce fleuve, il s'avance en dix jours jusqu'au pied des Alpes. Les neiges, les glaces, les rochers, les précipices, tout sembloit rendre impossible le passage de ces montagnes. Enfin, après neuf jours de marche, il arrive au sommet; et cinq autres jours après, il a traversé la partie qui regarde l'Italie.

Brennus, général des Gaulois, s'étant ouvert un chemin par les Alpes, fond sur la Lombardie; assiége *Clusium* en Toscane, remporte une victoire signalée sur les Romains près de la rivière d'Allia, marche vers Rome, s'en rend maître, et livre la ville au pillage et aux flammes.

César, méditant le projet de s'emparer de la république Romaine, s'achemine vers *Rimini*, passe le Rubicon; il s'arrête sur les bords de cette petite rivière, qui séparoit la Gaule de l'Italie. Là, le sort de l'univers est mis un instant en balance avec l'ambition du triumvir; celle-ci l'emporte: *Rimini, Pezaro, Ancone, Arezzo, Osimo, Ascoli* et autres villes tombent sous la main du conquérant.

Ces exemples, pris au hasard, vous prouvent la correspondance intime entre l'Histoire et la Géographie. En physique comme en morale, l'indifférence se porte sur les objets inconnus; vous aurez lu qu'Alexandre a pénétré jusqu'à l'Océan Indien, les noms de Syrie, d'Asie Mineure auront frappé votre oreille; Annibal franchit les Pyrénées, arrive au sommet des Alpes; Brennus bat les Romains près d'Allia; l'ambition de César couve, sur les bords du Rubicon, le projet de se rendre maître de la république Romaine; on vous parlera du combat des Thermopyles, des batailles de Cannes, d'Ivry, de Fontenoy. Mais quel intérêt prendrez-vous à ces noms cités dans l'Histoire, si la Géographie, comme un guide fidèle, ne vous conduit sur les lieux et ne vous les fait connoître. Vous serez ce voyageur ignorant, qui traverse une grande étendue de pays, sans s'inquiéter des beautés ni des richesses qui se présentent sur la route; il arrive enfin avec l'ennui, le dégoût et la fatigue.

Inutilement donc sans le secours de la Géographie vous voudriez prétendre à la connoissance raisonnée de l'Histoire; sans elle, vous ne pouvez ni gouverner, ni négocier, ni voyager, ni même faire avec succès la guerre, ce fléau suscité par l'orgueil et l'ambition pour le malheur et la destruction du genre humain.

Si cette heureuse et invariable harmonie, qui règne dans le ciel, eût existé sur la terre; si les hommes eussent écouté la voix de la Nature qui les appeloit tous à un bonheur commun; dans une juste indépendance, soumis aux lois sages établies par la Nature elle-même, ils auroient coulé des jours paisibles, dont la courte durée sembloit devoir garantir la tranquillité du globe habité.

Mais les passions, plus agitées que les flots d'une mer toujours tourmentée par la tempête, dérangent, renversent, détruisent. Les hommes disparoissent comme les feuilles de l'arbre, et sont remplacés par d'autres; les passions restent avec les dégradations, les ruines et les crimes qui changent la surface du globe.

Cette surface n'est pas aujourd'hui ce qu'elle étoit dans les temps anciens qui ont vu naître et périr ces empires fameux des Perses, des Mèdes et des Romains, dont les révolutions forment l'Histoire de l'*Ancien Age.*

« Elle n'est pas aujourd'hui ce qu'elle étoit dans le temps inter-médiaire appelé le *Moyen Age* , et dans lequel on ne remarque pas plus de stabilité. Les révolutions sur-tout, qui suivirent la décadence de l'empire Romain, sont couvertes d'épaisses ténè-bres par l'extinction presque totale des rayons de lumière que répandoient les sciences dans l'Occident. L'invasion des Barbares du nord et du sud , accompagnée de l'ignorance la plus gros-sière , a détruit les plus beaux monumens de l'antiquité. De cette destruction est venue la difficulté de suivre avec sûreté le fil de tous les événemens.

Enfin arrive la renaissance des sciences et des lettres , qui est l'époque de l'*Age Moderne.*

De même que l'Histoire, la Géographie doit être considérée sous trois rapports différens , suivant les différens âges. La Géographie ancienne donne une description de la terre conforme aux con-noissances que les anciens en avaient , jusqu'à la décadence de l'empire Romain. La Géographie du Moyen Age , depuis la déca-dence de l'Empire , jusqu'au renouvellement des lettres ; la Géo-graphie moderne , depuis le renouvellement des lettres , jusqu'à présent.

La Géographie, prise en général, se divise en *Géographie pro-prement dite* et en *Hydrographie.* L'une et l'autre ont sous elles la chorographie et la topographie.

Elle fait partie de la cosmographie , qui est la description du monde ou de l'univers , dont une des moindres portions est le globe terrestre , qu'elle considère selon le rapport que toutes ses parties peuvent avoir, soit avec le ciel, soit entr'elles, soit avec l'Histoire.

Pour remplir ces trois objets, elle emprunte de l'astronomie plusieurs points, plusieurs lignes, plusieurs cercles; de la géométrie l'art de bien mesurer; de l'optique l'art de représenter les pays sur un globe ou en plan; et enfin de l'histoire l'étendue des états souverains, des religions et des langues, d'où résulte cette distinction en *Géographie Astronomique*) *Géographie Naturelle, Geographie Historique, Géographie Sacrée.*

Ainsi que les autres sciences, elles ont chacune leurs modes ou moyens d'instruction, des termes qui leurs sont propres, et qu'il est nécessaire de connoître.

C'est par cette raison que je fais précéder cet Atlas élémentaire des Institutions Géographiques. Je vous avoue que c'est en grande partie l'extrait d'un ouvrage des Sanson, anciennement imprimé, que j'ai entre les mains avec des notes manuscrites de ces célèbres géographes.

Après avoir parcouru la surface du globe, en avoir examiné les différentes parties, il est juste de jeter un regard attentif sur la contrée que vous habitez. Afin que vous puissiez comparer et distinguer la FRANCE ANCIENNE, divisée en provinces, de la FRANCE MODERNE, divisée en départemens, je vous mets sous les yeux la carte générale de l'une et de l'autre; ensuite je vous donne, dans des cartes particulières, le détail du Royaume de France, divisé en 87 départemens, avec les chefs-lieux.

Quand vous serez familiarisé avec la Géographie, je ne doute pas que votre curiosité naturelle ne vous porte à demander raison des phénomènes qui vous environnent, de la cause de l'accroissement et de la diminution des jours; pourquoi, par exemple, le soleil ne se lève et ne se couche pas aux mêmes points de l'horizon? d'où provient la différence des saisons? etc. etc.

C'est à l'astronomie de vous l'apprendre, et vous trouverez, je pense, de quoi vous amuser et vous instruire dans un ouvrage intitulé : *Les Usages de la Sphère et des Globes céleste et terrestre*, dont j'ai donné une deuxième édition.

TABLE

TABLE DES MATIÈRES

Contenues dans les Institutions Géographiques et Historiques.

Fin de la Table des Matières.

TABLE

DES CARTES QUI COMPOSENT L'ATLAS.

INSTITUTIONS

INSTITUTIONS

GÉOGRAPHIQUES

ET HISTORIQUES.

CHAPITRE PREMIER.

Des différens Moyens employés par la Géographie (1).

CES moyens se réduisent à quatre : 1.º le Globe artificiel ; 2.º les Cartes ; 3.º la Méthode ; 4.º le Discours.

ARTICLE PREMIER.

§. I. *Du Globe.*

Le globe est le nom latin, dont le nom grec, *sphaira, sphère,* signifie *boule* en français ; les noms de globe, de sphère et de boule ne veulent dire autre chose qu'un corps solide, compris sous une surface ronde.

Néanmoins, par le nom de sphère, l'usage est d'entendre un globe découpé de manière qu'il ne reste sur la surface que les cercles principaux ; c'est par cette raison qu'elle est appelée *armillaire* du mot *armilla,* qui, dans notre langue, signifie

---

(1) Cette dénomination, dérivée du grec, signifie *description de la terre.* Comme toutes les sciences et tous les arts tirent leurs noms et leurs termes techniques des langues grecque et latine, il est nécessaire que vous appreniez au moins les élémens de ces deux langues, pour saisir la vraie signification de chaque terme.

A

anneau ou *collier*. Cette machine ainsi composée de plusieurs cercles, avec un petit globe au centre, a été inventée pour représenter la disposition apparente de toutes les parties de l'univers, et donner une idée générale de leurs différens mouvemens, suivant les différentes hypothèses des astronomes. Cette représentation peut être nommée le *monde universel,* ou *cosmographie.*

Le nom de globe se donne plus communément aux deux boules, dont l'une est appelée *globe terrestre,* et l'autre *globe céleste.*

Le globe terrestre est celui qui représente sur sa surface la terre et l'eau : on pourroit le nommer *géo-hydro-graphique,* c'est-à-dire, celui qui donne la description de la terre et de l'eau.

Le globe céleste est celui sur lequel sont représentées les étoiles, que les astronomes ont divisées par certains amas nommés *constellations,* et qu'ils distinguent par des noms d'hommes, d'animaux, d'instrumens, sous la figure desquels ce globe les désigne, comme le bélier, le lion; la balance, etc.; ce globe pourroit être appelé *uranographique,* puisqu'il donne la description du ciel.

§. II. *Des Cartes géographiques.*

La représentation de toute la surface du globe terrestre, ou d'une partie de cette surface, faite sur un plan, se nomme *carte géographique.* Les cartes sont de trois sortes; les générales, les chorographiques et les topographiques. En ce sens, le nom de carte générale ne convient qu'à celle qui représente toute la surface du globe.

Le nom de chorographique à celle qui représente une grande étendue de pays, une région, un royaume.

Le nom de topographique à celle qui ne contient que fort peu de terrain.

Mais ces trois sortes de cartes, communément appelées géographiques, se distinguent encore en cartes générales, particulières et topographiques.

Sous le nom de cartes générales, on comprend non seulement la carte du globe terrestre, mais aussi toutes celles qui représentent en raccourci une région, où il n'y a de figuré que les objets les plus considérables, comme la carte de l'Europe, la carte de l'Asie.

La carte particulière est celle où les parties sont plus distinguées les unes des autres, dans laquelle, outre les villes, sont aussi marqués les bourgs ; comme la carte de France, la carte d'Allemagne.

La topographique est celle qui, géométriquement levée sur les lieux, outre tous les villages, hameaux, châteaux, maisons, moulins, figure aussi les montagnes, collines, tertres, coteaux, vallons, plaines, bois, vignes, prés, terres labourables, bruyères, etc., et indique les ruisseaux, les étangs, marais, fontaines, mares, et généralement tous les objets de remarque ; comme la carte des environs de Paris. On peut donc dire que la carte générale de l'Europe est une carte particulière, par rapport à la carte générale du Globe terrestre : que la carte générale de la France est une carte particulière, par rapport à la carte générale de l'Europe, et qu'enfin la carte générale d'une province ou d'un département est une carte particulière, par rapport à la carte générale de la France.

Les conditions requises pour une bonne carte sont, 1.º que tous les lieux y soient marqués dans leur juste position, eu égard aux principaux cercles de la terre, comme l'équateur, le méridien, l'horizon, etc. ; 2.º que les grandeurs des différens pays aient entr'elles les mêmes proportions sur la carte qu'elles ont sur la surface de la terre ; 3.º que les différens lieux soient respectivement sur la carte aux mêmes distances les uns des autres, et dans la même situation que sur la terre elle-même.

Il faut remarquer que sur les cartes, le *Nord* est au haut, l'*Orient* à la droite, le *Sud* au bas de la carte, et l'*Occident* à la gauche.

L'échelle est une ligne divisée en parties égales, et placée sur la carte pour servir de commune mesure à toutes les distances et à tous les lieux qui y sont marqués.

Dans les grandes cartes, comme celles des royaumes, l'échelle représente ordinairement des lieues, des milles.

Pour trouver sur une carte la distance entre deux villes ou deux communes, on en prend l'intervalle avec une ouverture de compas, et appliquant cet intervalle sur l'échelle de la carte, on juge, par le nombre des divisions qu'il renferme, de la distance des deux villes ou autres lieux.

§. III. *De la Méthode.*

La méthode, disposée par tables, a un grand avantage, en ce qu'elle contient plusieurs choses en peu de mots. Elle donne par ordre les divisions et les subdivisions des empires, des monarchies, des royaumes, des républiques et des autres états souverains. Ces tables géographiques font voir, comme d'un coup-d'œil, en combien de provinces ou parties chaque état se subdivise, quelles en sont les villes les plus considérables. En développant les différentes espèces de divisions naturelles et politiques, par leur disposition méthodique, elles aident tellement la mémoire à retenir ce qu'elles représentent, que l'on pourroit leur donner le nom de *mémoire locale..*

C'est ce qui m'a déterminé, 1.º à dresser un tableau géographique et élémentaire pour faciliter l'étude de chacune des quatre parties du globe ; 2.º à donner une légende à la carte générale de chacune de ces parties.

Le tableau de l'Europe, par exemple, offre à la vue une courte analyse historique, géographique et politique ; ensuite, par colonnes, les mers, les isthmes, les détroits, les caps, les îles, les presqu'îles, les montagnes, les lacs, les fleuves, leurs sources et embouchures, les régions, les capitales et villes principales, avec les longitudes et les latitudes.

La légende expose méthodiquement les grandes régions, les

empires, les royaumes, états et républiques qu'elle renferme, leurs divisions et subdivisions, de manière que cette légende est le guide et comme l'interprète de la carte.

§. IV. *Du Discours.*

Le discours, ou traité, décrit les limites, la grandeur, la figure, la situation, la température, la fertilité de chaque région ; il fait connoître les mœurs, les langues, les religions, les richesses des peuples, et appliquer sur la carte les divisions indiquées par la méthode.

ARTICLE DEUXIÈME.

§. I. *Des Noms de la Carte générale du Globe terrestre.*

La carte, qui représente toute la surface du globe terrestre sur un plan, se nomme *Planisphère, Mappemonde* (1).

Planisphère signifie globe applati, ou projection du globe et de ses différens cercles sur une surface plane.

Mappemonde ne signifie autre chose que plan du monde, ou le monde représenté en plan. C'est le nom que l'on donne à la carte qui représente le globe terrestre en entier. Cette carte est composée de deux hémisphères, parce que le globe artificiel, qui est la représentation du globe terrestre, ne pouvant être vu d'un seul aspect, on est forcé de le représenter en deux moitiés, dont chacune est appelée *hémisphère*, c'est-à-dire, demi-sphère, demi-globe, qui est la moitié de la surface du globe que l'œil peut apercevoir, et que l'on nomme *plan hémisphère*, parce qu'on le représente en plan.

---

(1) *Mappa mundi*, la nappe, en quelque sorte, sur laquelle le monde est représenté.

§ II. Des différentes Projections.

On entend par projection, en géographie, la courbure des méridiens, selon laquelle ces lignes se rapprochent l'une de l'autre à mesure qu'elles s'écartent de l'équateur pour s'approcher de l'un et de l'autre des deux poles.

Il est aisé de concevoir que l'équateur est un cercle perpendiculaire à un axe que l'on suppose passer par le centre de la terre, et par les deux poles. Chaque point de l'équateur est donc à égale distance du point central de chaque pole ; donc toutes les lignes droites, que l'on peut tirer de l'équateur à ce point central, sont égales. Cela est exactement vrai sur un globe fait avec une extrême justesse. Il n'en est pas de même de la mappemonde et des cartes tant générales que particulières, pour peu qu'elles contiennent un grand pays.

Il est d'usage que, dans les cartes, le méridien du milieu soit droit ; les autres ont une inclinaison vers lui à proportion de leur éloignement de l'équateur. C'est un effet de l'optique. Comme toutes ces lignes sont terminées par deux parallèles, il s'ensuit que la ligne droite, qui est celle du milieu, est plus courte que toutes celles qui sont des deux autres côtés, puisqu'elles sont courbes.

L'équateur est divisé en 360 degrés, ces degrés sont marqués de 5 en 5, plus ordinairement de 10 en 10, et même de 15 en 15, pour éviter la confusion. Or, que du point final de chaque dixième degré de l'équateur, on tire une ligne jusqu'au point central du pole, il arrivera que chaque espace, enfermé entre ces lignes, sera un triangle, dont le côté commun avec l'équateur sera de dix degrés, et les deux autres côtés, chacun de 90 degrés, se termineront à un point qui est le pole, selon la supposition faite. Il y a donc depuis l'équateur jusqu'au pole une diminution progressive dans chacun de ces triangles. Ce rapprochement des deux méridiens est égal dans la réalité et sur le globe ; mais l'optique demande que le méridien du milieu d'une carte étant une ligne droite , le rapprochement des autres lignes ne se fasse que par une courbure que l'œil leur prête en cette occasion; et c'est ce rapprochement que l'on appelle *projection*.

La projection de la sphère ou du globe sur un plan est une représentation des différens points de la surface et des cercles qui y sont décrits, telle qu'elle doit paroître à un œil placé à une certaine distance , et qui verroit le globe au travers d'un plan transparent , sur lequel il en rapporteroit tous les points.

La projection du globe est principalement d'usage dans la construction des planisphères , et sur-tout des mappemondes et des cartes, qui ne sont en effet , pour la plupart, qu'une projection des parties du globe céleste ou terrestre, différente selon la position de l'œil et celle qu'on suppose au plan de la carte par rapport au méridien, aux parallèles , en un mot, aux endroits qu'on veut représenter.

La projection de la sphère ou du globe se divise ordinairement en *orthographique* et en *stéréographique*.

La projection orthographique , d'*orthos* , *droit*, et *graphô* , je *décris*, est celle où la surface du globe est représentée sur un plan qui la coupe par le milieu , l'œil étant placé verticalement à une distance infinie des deux hémisphères.

Cette projection est ainsi nommée , parce que les lignes, menées des points de la surface sphérique sur le plan de projection, tombent toutes en dedans de ce même plan , et que toutes ces lignes font avec le plan de projection des angles droits.

La projection stéréographique , de *stereos* , *solide*, et de *graphô*, je *décris*, est celle où la surface du globe est représentée sur le plan d'un de ces grands cercles , l'œil étant supposé au pole de ce cercle.

Cette projection , quoique plus difficile , est néanmoins la plus juste et la plus naturelle. Pour la concevoir, on suppose la surface du globe coupée en deux hémisphères par la circonférence entière du premier méridien, l'œil étant placé dans le plan de l'équateur

En se proposant de ne représenter que chacun de ces hémisphères dans une carte particulière, l'œil sera placé dans un point de l'équateur éloigné de 90 degrés du premier méridien, et l'on prendra pour plan transparent où la représentation doit se faire, celui du premier méridien. Dans cette projection l'équateur devient une ligne droite, aussi bien que le méridien éloigné de 90 degrés du premier; mais les autres méridiens, ou parallèles à l'équateur, deviennent des arcs de cercle.

La projection stéréographique a deux avantages; 1.º les projections de tous les cercles sont des cercles ou des lignes droites, ce qui rend cette projection facile à tracer; 2.º les degrés des cercles qui sont égaux sont, il est vrai, inégaux dans la projection; mais ils ne sont pas, à beaucoup près, aussi inégaux que dans la projection orthographique; ce qui fait donner la préférence à l'autre pour les mappemondes, ou cartes qui représentent le globe entier.

Il y a trois manières, qui sont les plus ordinaires, de représenter le globe terrestre en plan. La première est de le diviser par l'équateur en *hémisphère septentrional* et en *hémisphère méridional.*

La seconde est de le montrer divisé par l'horizon en *hémisphère supérieur* et en *hémisphère inférieur*, relativement à chaque position.

La troisième est de le décrire divisé par le 1.ᵉʳ et le 180.ᵉ méridien en *hémisphère oriental* et en *hémisphère occidental.* Cette division en deux hémisphères est la meilleure et la plus naturelle, puisque chaque hémisphère présente la moitié de la surface du globe, et qu'étant adossés l'un à l'autre, ils donnent la surface entière réduite en plan, et qu'enfin ils sont construits dans les proportions requises par les règles de l'optique.

CHAPITRE II.

CHAPITRE DEUXIÈME.

ON distingue la Géographie en *Astronomique*, *Naturelle*, *Historique* et *Sacrée*.

On appelle géographie astronomique celle qui emprunte de l'astronomie plusieurs points, plusieurs lignes et plusieurs cercles qu'elle décrit sur la surface du globe, pour faire concevoir, par la juste position de ce globe, quelle correspondance toutes ses parties ont avec le ciel, dont elles sont diversement regardées ; pour indiquer le rapport de ces mêmes parties les unes avec les autres par leur situation respective ; montrer quels sont les pays les plus chauds, les plus tempérés et les plus froids, ceux qui ont en même temps les saisons de l'année semblables ; ceux qui ont midi au même moment, devant, après, ou au contraire les uns des autres ; ceux qui ont la nuit quand les autres ont le jour; faire distinguer ceux dont les jours sont au dessous de vingt-quatre heures, d'avec ceux qui les ont continus d'un ou de plusieurs jours naturels.

Je ne peux entrer ici en explication sur les noms, la nature et les propriétés des différens cercles de la sphère ou du globe, sans répéter ce que je dis dans la deuxième édition d'un ouvrage intitulé: *Les Usages de la Sphère et des Globes, selon les hypothèses de Ptolémée et de Copernic.* Je vous donne un abrégé sur leur origine, sur les différens systèmes du monde ; vous y verrez la description de la sphère de Ptolémée et de celle de Copernic, etc. etc. Je me bornerai donc ici à développer quelques notions sur les zones, sur les latitudes et les longitudes qui, de même que les grands cercles, ont leurs différens usages pour la division du globe.

B

§. I. Des Zones.

Les deux tropiques et les deux cercles polaires divisent la sur-face du globe en cinq parties appelées *zones* (1), qui reçoivent leur nom de la température à laquelle leur situation est sujette, suivant les différens degrés de chaleur ou de froid occasionnés par l'approche ou l'éloignement du soleil.

La *torride* est comprise entre les deux tropiques, et partagée par l'équateur en deux parties égales, l'une appelée *arctique* et l'autre *antarctique*. Les anciens l'ont ainsi nommée, parce qu'ils la croyoient perpétuellement exposée aux rayons perpendiculaires du soleil, et par conséquent inhabitable. Cette erreur est reconnue depuis long-temps; on sait qu'il y a de longues nuits, des rosées abondantes, des pluies, des vents frais; que, presque par-tout, la terre y est non seulement habitable, mais encore si fertile, que quelques contrées donnent deux moissons dans une année. Elle produit toutes les espèces d'épices, fournit les métaux les plus purs, des pierres précieuses et des perles plus belles et en plus grande quantité que les autres zones ensemble. Il est vrai qu'il se rencontre des déserts en Afrique; mais c'est plutôt une preuve que le terroir y est stérile de sa nature, que rendu tel par l'ardeur du soleil, puisque l'on en trouve de semblables dans le milieu de la zone tempérée, et que les cantons de cette même Afrique, de l'Asie et de l'Amérique, placés dans cette zone, sont, à tous égards, les plus fertiles de l'univers. Elle comprend tous les pays dans lesquels on peut avoir le soleil au zénith; s'étendant à 23 degrés 30 minutes de part et d'autre de l'équateur, elle a conséquemment 47 degrés de largeur, c'est-à-dire 1175 lieues, en donnant 25 lieues communes de France au degré.

Les deux zones *tempérées* sont renfermées entre les tropiques

_____

(1) Du mot grec *zoné*, ceinture.

et les cercles polaires, l'une *septentrionale*, entre le tropique du cancer et le cercle polaire arctique; l'autre *méridionale*, entre le tropique du capricorne et le cercle polaire antarctique. On les nomme *tempérées*, parce que, ne recevant que les rayons obliques du soleil, la chaleur y est presque toujours tempérée; ou plutôt parce que leur situation entre la torride et les deux glaciales leur procure un air tempéré; mais les extrémités se ressentent de l'excès du chaud ou du froid de ces différentes zones, à proportion qu'elles les avoisinent. Les pays qui y sont situés n'ont jamais le soleil à leur zénith. La largeur de chacune est de 43 degrés qui font 1075 lieues.

Les deux zones *froides* ou *glaciales* sont entre les poles et. les cercles polaires; leur nom indique assez que, pendant la plus' grande partie de l'année, il y règne un froid très-rigoureux, et que tout y est glacé tant que le soleil est au dessous, ou fort peu au dessus de l'horizon. La zone glaciale arctique est habitée; car la Laponie et la Sibérie en font partie; le reste n'est qu'une vaste mer. L'antarctique est inconnue; l'on a déjà cherché à en découvrir quelques parties. Elles n'ont l'une et l'autre que la moitié de l'étendue de la zone torride, c'est-à-dire, 23 degrés 30 minutes qui donnent 583 lieues et demie.

Quoique la longueur ou le développement de chaque zone contienne le même nombre de degrés, 360; ce développement diffère pour chacune d'elles, par la raison qu'il est terminé de part et d'autre par des parallèles à l'équateur, dont les degrés diminuent, à proportion que ces parallèles s'éloignent de ce grand cercle, pour s'approcher des poles.

La zone torride a 9,000 lieues communes de France sous l'équateur, et environ 8,253 dans ses extrémités sous les tropiques. Cette longueur sous les tropiques est la plus grande des zones tempérées. Elles ont chacune dans leur milieu, qui est le 45.e degré, 6,364 lieues, et dans leur extrémité, sous les cercles polaires, 3,582.

B 2

Sous les cercles polaires est la plus grande longueur de chacune des zones glaciales, dont le milieu, qui est le 78.° degré 15 min. n'est plus que d'environ 1,825 lieues, et leur extrémité, sous les poles, se termine en un point. L'étendue de terre ou de mer, que comprend chaque zone froide, est six fois moindre que celle de chaque zone tempérée, et la zone torride n'est que les trois quarts de la somme des deux zones tempérées.

§. II. *Des Latitudes et des Longitudes.*

La division de la surface du globe par zones, ne pouvant servir qu'à considérer cette même surface du sud au nord, les géographes ont pensé qu'il en falloit une plus exacte pour fixer la position de chaque lieu, non seulement du sud au nord, mais aussi de l'est à l'ouest. Sachant que les poles déterminent le sud et le nord; que l'est et l'ouest sont déterminés par l'intersection d'un méridien et de l'équateur qui est à égale distance des deux poles, ils ont établi ce cercle comme un point de départ, et ont appelé *largeur* ou *latitude* l'espace qui va du nord au sud, et *longueur* ou *longitude* celui qui se prolonge de l'ouest à l'est, parce que la partie du globe, qui leur étoit connue alors, avoit une fois plus d'étendue de l'ouest à l'est que du sud au nord.

La latitude d'un lieu est donc la distance de ce lieu à l'équateur, mesurée sur le méridien, ou l'arc du méridien compris entre l'équateur et ce lieu. La longitude est la distance qu'il y a du 1.er méridien au méridien de ce lieu, ou l'arc du parallèle compris entre le méridien de ce lieu et le premier méridien. Les degrés de latitudes se comptent sur le premier méridien, les degrés de longitude sur l'équateur. Les degrés de latitude sont tous égaux, parce que les degrés des grands cercles sont tous égaux. Les astronomes français, par une suite d'opérations faites avec beaucoup d'exactitude, ont trouvé 25 lieues communes de France pour un degré du méridien. Le degré de longitude, au contraire, n'a cette étendue que sous l'équateur même ; car l'équateur coupant le globe en deux parties égales, tous les parallèles doivent diminuer à proportion qu'ils approchent des poles.

Néanmoins tout cercle ayant 360 degrés, il faut que les degrés diminuent en proportion avec le cercle; mais cette diminution ne devient sensible que vers le 30.e degré de latitude, où ces degrés n'ont plus que 22 lieues ; vers le 49.e, 16 ; vers le 61.e, 12 ; vers le 70.e, 8 ; vers le 80.e, 4 ; enfin vers le 89.e, un quart de lieue, ce qui se trouve par le calcul trigonométrique. C'est ainsi que les géographes, par le moyen des degrés de latitude, divisent la surface du globe du nord au sud ; et cette même surface de l'ouest à l'est par le moyen des degrés de longitude.

C'est aussi à l'aide de la longitude et de la latitude qu'on obtient la vraie position d'une ville sur le globe ; car connoissant sa longitude, on a le méridien du lieu ou sa distance au premier méridien : connoissant sa latitude, on a son parallèle ou sa distance à l'équateur. La commune section de ces deux arcs donnera donc la vraie position, suivant ce qui a été dit page 3.

De même que les géomètres divisent le cercle en 360 parties, de même les géographes partagent la circonférence du globe en 360 degrés. Comme la distance entre les deux poles n'est que la moitié de cette circonférence, ils la divisent en 180 degrés marqués sur le méridien, et qu'ils commencent à compter de l'équateur, en avançant vers l'un ou l'autre pole. La distance, ou la latitude qui est vers le nord, se nomme *septentrionale*, et celle qui est vers le sud, *méridionale*, ayant chacune 90 degrés.

La circonférence du globe, considérée de l'ouest à l'est, contient 360 parties ou degrés de longitude, marqués sur l'équateur. Ptolémée, astronome et géographe, place sa première longitude, et par conséquent son premier méridien, aux îles Fortunées, que Sanson a prouvé être les îles Canaries. L'opinion de Ptolémée ayant été admise en France ; par une déclaration de Louis XIII donnée à Saint-Germain en Laye, le 1.er Juillet 1634, notre pre-

mier méridien avoit été placé à l'extrémité de l'île de Fer, la plus
occidentale des Canaries, située à 20 degrés environ à l'occident
de Paris. Les Espagnols font passer le leur à Tolède; les Portugais
à l'île Tercère, la principale des Açores; les Hollandais au Pic
de Ténériffe.

Cependant le 1.er méridien, celui d'où l'on part pour compter
les longitudes, est une chose de pure convention, parce que le
ciel ne donne aucun terme fixe sur la terre pour les longitudes,
au lieu que l'équateur en fournit un pour les latitudes.

Les astronomes fixent leur premier méridien à la capitale de
leur pays respectif; les Français à l'Observatoire de Paris; les
Anglais à Londres ou à Greinwich.

Les degrés de longitude se comptent à droite et à gauche du
premier méridien qui divise l'équateur en deux parties égales de
180.º chacune. Les degrés à droite marquent la longitude orientale. Ceux à gauche, la longitude occidentale.

CHAPITRE TROISIÈME.

LA géographie naturelle se divise en *géographie* proprement
dite, et en *hydrographie*.

La géographie naturelle est celle qui donne la division de toutes
les parties de la terre et de l'eau, qui composent la surface du
globe, selon qu'elles diffèrent entr'elles et qu'elles sont naturellement séparées les unes des autres, ou qu'elles sont distribuées
par grandes parties ou régions.

§. I. *Explication des Termes de la Géographie proprement dite.*

La terre est tout ce qui paroît hors de l'eau sur la surface du
globe, mais en très-grand nombre de parties séparées les unes
des autres.

On a donné le nom de *continent*, ou *terre ferme*, à celles qui sont fort grandes ; toutes les autres parties sont appelées *îles*.

Le continent est donc une des parties de la terre de fort grande étendue, qui comprend plusieurs régions non séparées par des mers ; l'Europe est un continent. Ce mot vient du latin *cum*, *avec*, et *tenens*, *tenant* ; ce qui donne l'idée de cette étendue dont toutes les parties tiennent ensemble.

Ce que les géographes nomment *continent* fut appelé *monde* par les anciens, qui, avant les nouvelles découvertes, croyoient qu'il n'y en avoit point d'autre que celui qu'ils habitoient ; mais on lui donna le nom d'*Ancien* après la découverte de l'Amérique, faite par Christophe Colomb, en 1492, et ce nouveau continent fut nommé le *Nouveau Monde*.

Aujourd'hui l'on distingue deux continens, l'un *oriental*, l'autre *occidental*. Le premier renferme trois parties différentes, l'Europe, l'Asie et l'Afrique. Le second contient l'Amérique divisée en septentrionale et en méridionale.

Le nom de terre est aussi donné à plusieurs régions, comme à la *Terre Magellanique*, qui est à l'extrémité de l'Amérique méridionale, ainsi nommée du nom de Ferdinand Magellan, capitaine portugais, qui la découvrit en 1520 :

Aux *Terres Australes*, situées au sud-est de l'Asie, par-delà les îles de la Sonde, les Moluques et les Philippines. Dans ces terres se trouve celle de Sandwich, découverte par le capitaine Cook, Anglais, en 1778 :

Aux *Terres Polaires Arctiques*, au nord et au nord-est de l'Europe, découvertes par les Hollandais et les Anglais :

Aux *Terres Polaires Antarctiques*, qui sont des régions ou des côtes découvertes au-delà des continens connus vers le pole antarctique.

Isle est une terre entièrement environnée d'eau ; en ce sens les continens sont de grandes îles, puisqu'ils sont environnés d'eau. Mais la division de la terre en continens et en îles fait connoître que l'on n'entend par le nom d'île qu'une petite étendue de terre , opposée par sa petitesse à la grandeur d'un continent ; comme les îles Britanniques.

Les terres, en quelques endroits , sont des avances dans la mer ; elles semblent se détacher de la grande terre pour former des îles, c'est ce que l'on appelle *presqu'île*. L'Espagne , l'Italie , la Turquie d'Europe , sont de grandes presqu'îles.

La terre, en d'autres endroits , est tellement resserrée par les mers , que celles-ci semblent vouloir la séparer ; c'est ce que l'on nomme *isthme*. Tels sont les isthmes de Suez , de Panama.

Terre maritime , ou côte , est une partie de terre baignée par la mer.

La surface de la terre est ou plate , ou élevée , ou enfoncée ; c'est-à-dire , qu'elle consiste en campagnes ou plaines , en émi-nences ou hauteurs , et en vallées.

Campagne et *plaine* se prennent souvent indifféremment pour un pays plat et uni ; néanmoins , sous le nom de campagne , l'on entend quelquefois un grand pays , parce qu'il est tout en plaines , comme la Champagne , la Campagne de Lyon , la Cam-pagne de Rome.

La *plaine* se prend proprement pour un petit espace de pays uni , sans aucune éminence considérable , comme la Plaine de Saint - Denis , près Paris.

Les *éminences ,* ou *hauteurs ,* se divisent en montagnes , col-lines , tertres , côtes , rochers.

La *montagne , ou mont ,* est une éminence fort élevée au dessus de tout ce qui lui est contigu. Sous le nom de montagne , l'on entend quelquefois une chaîne de montagnes , comme la mon-tagne des Alpes , les monts Pyrénées.

Colline est une moyenne éminence pour l'ordinaire labourable.

Tertre est une petite éminence.

Côte est la descente ou le penchant d'une montagne , et le *coteau* est la descente d'une colline. On donne aussi l'un et
l'autre

l'autre noms aux pentes dont le haut se termine en plaine.

Les *rochers* sont de grosses masses de pierre placées sur les montagnes, et principalement vers le sommet, la plupart coupés en précipices.

La *vallée* est un fond entre les penchans des montagnes, collines ou coteaux.

On appelle proprement vallée celle dont le fond est baigné d'une rivière ou d'un ruisseau, le long du cours desquels la partie du fond s'étend quelquefois en plaines longues et étroites, que l'on nomme *prairies*.

Les pays de montagnes sont remplis de ces vallées. Il y en a cependant de très-grandes dans les pays dégagés de montagnes, comme, près de Paris, la vallée de Montmorency et la vallée de Palaiseau.

Les vallées, dont les pentes sont douces et faciles, prennent quelquefois le nom de vallons. Néanmoins le *vallon* est proprement un petit fond, entre des collines, qui n'a point d'eau, ou qui a seulement un torrent.

Entre les chaînes de montagnes, il y a des passages étroits pour traverser d'un pays dans un autre.

On les nomme *pas*, *trau*, *gorge*.

Les plaines, les montagnes et les vallées sont chargées de bois en plusieurs endroits.

Le *bois* est une étendue de terre toute couverte d'arbres. Ce nom comprend en général les forêts, les bois, les haies et les buissons ou bocages.

Sous le nom de *forêt* l'on entend ordinairement un bois qui embrasse une fort grande étendue de terrain.

Le *bois* n'est que d'une moyenne étendue.

Le *parc* est un bois enfermé de murs.

Les noms de *haies*, *buisson* ou *bocage* sont usités en quelques endroits pour signifier un bois de peu d'arpens.

Cependant l'usage fait souvent prendre indifféremment les

C

noms de forêt et de bois. Il y a même des bois d'une très-grande étendue, des forêts de très-peu d'espace ; il y a encore des bois qui ne portent que le nom de haies ou buissons, quoiqu'ils contiennent autant d'arpens que des bois de moyenne grandeur.

Toutes ces sortes de bois sont peuplés d'arbres, qui sont ou en futaies ou en taillis.

Futaie, fustis, désigne des arbres qu'on laisse croître, sans jamais y rien couper.

Taillis sont des arbres dont la coupe se fait dans des temps réglés.

Il y a beaucoup de bois et de forêts qui sont tous en futaies, et d'autres tous en taillis ; mais la plupart sont mélangés de l'une et de l'autre espèce.

Les terres sont ou fertiles ou stériles. Sous le nom de *terres fertiles*, on entend non seulement les terres cultivées, mais aussi celles qui produisent naturellement, comme les bois et les terres qui pourroient produire si elles étoient cultivées, telles que les landes et les bruyères.

Les *landes* et les *bruyères* sont presque synonymes dans le département des Landes, et signifient une étendue de pays de sable, ou de terre inculte. Cependant les landes situées vers la mer sont couvertes de bois, de forêts de pins, dont on tire la résine qui fait le principal commerce du pays. Il y a en outre beaucoup de chênes verts, dont l'écorce forme le liége, et le tout en plaine. On divise les landes en grandes et petites ; les grandes entre Bordeaux et Baïonne ; les petites entre Bazas et Dax.

Les *terres stériles* sont celles qui ne produisent rien ; on les appelle communément déserts.

Le *désert* est une étendue de terre ou de pays entièrement stérile, dont les uns sont sablonneux, comme les déserts de *Lop*, de *Calmack*, et de l'*Arabie Déserte* en Asie ; en Afrique ceux de

Lybie, le *Saara* ou Désert proprement dit ; les autres sont pierreux, comme le désert de *Pharan* dans l'Arabie Pétrée.

L'on nomme aussi *déserts* les terres inhabitées, quoique fertiles, comme les déserts de l'Ukraine en Russie.

La terre maritime, ou côte, se divise en rivage et en grève.

La *côte* est cette partie des terres qui bordent la mer.

Le *rivage* est l'extrémité de la côte le long de la mer. Ce nom se donne aussi à l'extrémité de la mer le long de la côte, que l'on appelle vulgairement *le bord de la mer*.

Ces noms de rivage, de bord ou de rive sont aussi donnés assez indifféremment aux deux côtés des rivières.

La *grève* est la partie de la côte que la mer couvre et découvre par son flux et reflux.

Lorsque la côte fait une avance dans la mer, ce que les Latins appellent *promontoire*, nous la nommons cap ou pointe ; néanmoins on dit plus communément *cap*, si cette avance est élevée en forme de montagne, comme le cap Finistère (1), le plus occidental de l'Espagne ; le cap Comorin dans l'Inde.

Quelquefois cette montagne n'est pas sur le bord de la mer, comme le cap de Bonne-Espérance, dont la partie, voisine de la mer, est un terrain bas et uni qui s'y étend fort avant et empêche qu'elle ne baigne l'autre partie, montagne appelée par les marins le *Cap de Bonne-Espérance*.

La *pointe* est l'avance qui n'a pas ou qui n'a que peu d'élévation.

Les noms de *chef*, de *tête* et de *bec* sont usités en quelques endroits de la France, au lieu de ceux de cap ou de pointe, comme l'on dit chef de Caux en Normandie ; Bec-d'Ambez ; Tête-de-Buch en Guïenne, Bec-de-Ras en Bretagne.

Les *dunes* sont des petites collines de sable le long des côtes sur le bord de la mer, ou les bords de la mer élevés qui l'empêchent de s'étendre jusqu'aux côtes.

---

(1) Les anciens lui ont donné le nom de *Finis terræ*, parce qu'ils le regardoient comme l'extrémité du monde.

Les *falaises* sont des côtes élevées, escarpées, ou coupées à pied droit.

Les *roches*, ou *rochers*, en mer sont de grosses masses de pierre contre lesquelles les vaisseaux se brisent ; c'est par cette raison qu'ils sont appelés brisans. Les uns ne sont jamais couverts de la mer, les autres se découvrent en basse marée, d'autres sont toujours sous l'eau.

Les *vigies* sont des pointes de rochers cachées sous l'eau, et plus ou moins proches de sa surface.

Les *bancs de sable, basses* ou *syrtes*, sont des sables accumulés sous l'eau, dont les uns se découvrent lorsque la mer est basse ; les autres ne sont jamais découverts.

On les appelle bancs, parce qu'ils sont élevés au dessus du fond de la mer, comme un banc.

On les nomme aussi écueils, lorsqu'il s'y rencontre des roches.

§. II. *Hydrographie.*

Le globe donne sur sa surface la description de l'eau, et présente en général la situation, la proportion et le rapport que toutes les différentes parties de l'eau peuvent avoir avec celles de la terre. Cette description s'appelle *hydrographie.*

Outre le globe artificiel, l'hydrographie emploie aussi les cartes, et le discours ou traité.

Le discours indique avec détail la situation des côtes et des ports, vers quels vents gisent les caps et les écueils les uns à l'égard des autres ; il marque les profondeurs et les ancrages.

Les cartes sont générales ou particulières. Elles sont nommées hydrographiques, parce qu'elles représentent en plan l'objet de l'hydrographie en tout ou en partie.

La carte générale donne la description de l'eau conjointement avec la terre, comme la carte de l'océan Occidental, ou celle de la mer du Nord.

La carte particulière présente non seulement les promontoires ou caps, les baies, les ports, les havres, etc., mais encore les dunes, les falaises, la grève, les rochers, les bancs de sable, les écueils qui se couvrent des eaux de la mer et ceux qui ne s'en couvrent point.

Il en est une autre nommée *topo-hydro-graphique*, c'est celle qui donne le plan d'un cap, d'une baie, d'un port ou d'un havre, où sont marqués les bancs, les rochers ou brisans, les écueils de haute et de basse marées, les entrées, les profondeurs, les ancrages, les rades, etc.

Les cartes hydrographiques sont aussi appelées *cartes marines*. On en distingue de trois sortes : la première est celle où il n'y a que les latitudes marquées.

La seconde représente les longitudes et les latitudes par des lignes parallèles.

La troisième, qui est la meilleure, est appelée *carte de réduction*, ou *carte réduite*. Les méridiens, ou degrés de longitude, y sont des lignes droites équidistantes, se terminant à deux lignes droites qui représentent les points des poles. Les lignes qui marquent les degrés de latitude, quoiqu'elles soient parallèles à l'équateur, sont néanmoins à une distance inégale l'une de l'autre. Les espaces, qui sont entre ces lignes, augmentent en raison de leur éloignement de l'équateur et de leur rapprochement du pole, afin de réparer le défaut occasionné par le parallélisme des méridiens.

§. III. *Explication des Termes de l'Hydrographie.*

L'eau se divise en mers et en rivières.

Mer, mot pris du latin *mare*, signifie ce vaste amas d'eaux, la plupart salées, qui environne le globe.

La mer est aussi appelée *Océan* par les Grecs, à cause de son continuel mouvement, ou flux et reflux ; mais l'Océan a quelque chose de particulier, et se dit de la mer en général par opposition aux mers qui sont enfermées dans les terres.

Les anciens ont nommé *mer extérieure*, celle qui est dégagée et hors des terres, à la différence de la mer Méditerranée qu'ils nommoient *intérieure*, c'est-à-dire engagée dans les terres.

Ils lui ont aussi donné le nom d'*Atlantique*, comprenant sous ce nom toutes les mers qui leur étoient inconnues et qu'ils regardoient comme impraticables.

Ils l'appeloient encore *pelagus*, quoique ce mot, dans sa propre signification, semble ne vouloir dire que la *haute mer*.

Archipel (1) est le nom donné à une partie de la mer Méditerranée, parce que les principales navigations des Grecs se bornoient aux îles de cette mer qui, par cette raison, étoit la plus importante à leur égard.

Enfin le nom *pontus* n'est ordinairement donné à la mer que par les poètes; ce nom n'ayant jamais été en usage que pour le Pont-Euxin, la Propontide et l'Hellespont.

Le *lac* est une étendue d'eau plus ou moins considérable, au milieu des terres, ne tarissant jamais et n'ayant avec la mer aucune communication apparente.

Entre les lacs, les uns n'ont point de communication, du moins apparente, avec la mer; les autres s'y écoulent par des rivières. Il y en a de si grands, qu'on leur donne le nom de mer; les plus fameux sont la mer Caspienne en Asie, la mer Morte, la mer de Galilée dans la Terre-Sainte. Il y en a beaucoup de moyenne grandeur, tels que ceux de Ladoga, d'Onéga, de Genève, de Constance.

---

(1) Ce terme signifie proprement *mer première*, nom donné par excellence d'abord à la mer Égée, non pas qu'elle ait plus d'étendue que celles qui l'avoisinent, mais parce qu'elle renferme en peu d'espace plusieurs mers de différens noms tirés de quelques îles qu'elle embrasse. Voilà ce qui a donné occasion d'appeler *Archipel* quelques portions de mer, qui environnent un grand nombre d'îles voisines les unes des autres.

Le *golfe* est un mot dérivé du grec *kolpos*, dont le mot latin est *sinus*. Golfe, ou sein, est une portion de mer qui s'avance entre les terres.

Il y a deux sortes de golfes d'une étendue considérable : les uns sont comme séparés de la mer, de laquelle ils s'insinuent dans les terres qui les enferment presque de tous côtés, n'ayant de communication avec elle que par un ou plusieurs détroits ; les autres ont une ouverture plus grande vers la mer dont ils font partie.

Les premiers prennent le nom de mer, comme la mer Méditerranée qui est un véritable golfe, et ne conserve le nom de mer qu'à cause de sa grande étendue.

Les seconds reçoivent le nom de golfe et de mer indifféremment. On dit le golfe Arabique ou mer Rouge, la mer Baltique, dans notre continent ; le golfe ou mer du Mexique dans l'Amérique.

Les golfes, qui ont une grande ouverture, se nomment pour l'ordinaire simplement golfes, comme les golfes de Bengale et de Saint-Thomas sur les côtes de notre continent ; les golfes de Panama et de Saint-Laurent en Amérique. Lorsque le golfe est petit, il prend le nom de *baie*.

Le *détroit* est une portion de mer resserrée entre deux terres, et joignant ensemble deux mers plus considérables. C'est ce que les Latins appellent *fretum*, et que l'on nomme présentement *détroit, manche, canal, pas, pertuis, bras de mer, bouche, frioul, phare, bosphore, euripe.*

Quoique, sous le nom de détroit, on les comprenne généralement tous, de quelque nom qu'ils se puissent appeler, cependant le nom de détroit est particulier à plusieurs, dont les plus fameux sont ceux de Yeso ou d'Uriés, de Magellan, de Gibraltar, du Sund, et de Babel-Mandel, entre lesquels le détroit de Gibraltar et du Sund sont souvent appelés simplement détroits, parce qu'ils sont les plus fréquentés à cause du commerce ; le premier étant la seule entrée de l'Océan dans la

Méditerranée, et le second la plus fréquentée des trois entrées dans la mer Baltique.

Les noms de *manche* et de *canal* peuvent être donnés à tous les détroits un peu longs. Néanmoins le nom de *manche* est particulier à cette mer qui baigne les côtes de France et de l'Angleterre. Celui de *canal* lui est commun avec plusieurs autres, dont les plus connus sont le canal de Bahama, le canal de la mer *Noire*, le canal de *Corse*, le canal de *Malte*, le canal de *Mozambique*.

Le nom de *pas* est particulier au détroit qui sépare la France de l'Angleterre.

Le nom de *pertuis* est usité sur les côtes de Saintonge, Aunis et Poitou, où sont les pertuis de Maumusson, entre l'île d'Oleron et la Seudre, rivière ; d'Antioche, entre l'île d'Oleron et celle de Ré, et le pertuis Breton, entre l'île de Ré et le Poitou.

Le détroit des Dardanelles est nommé *bras de Saint-George*, celui de Caffa, *bras de Saint-Jean*.

Bouche exprime les ouvertures par lesquelles un fleuve se jette dans la mer, lorsque, formant divers passages entre des îles qu'il sépare, il arrive par plusieurs lits. On dit les bouches du Nil, du Rhône, du Danube, du Gange.

Bouche s'applique aussi à quelques détroits et bras de mer, comme les bouches de Boniface, bouches des Dardanelles.

Le nom de *frioul* est en usage sur les côtes de la Provence, comme le frioul entre les îles de Saint-Honorat et de Sainte-Marguerite, connues sous le nom d'îles de Lerins.

On appelle *phare de Messine* le détroit qui est entre la Sicile et l'Italie. Il est ainsi nommé, à cause de la tour du Phare qui est à son entrée, et sur laquelle est placé un fanal pour éclairer les vaisseaux pendant la nuit ; et aussi *de Messine*, à cause de la ville qui est située sur la côte occidentale.

Bosphore est le nom que les Grecs donnoient aux bras de mer qu'un bœuf pouvoit passer à la nage ; ce mot ne signifie donc proprement qu'un détroit. On n'en voit que deux ainsi nommés ; le

bosphore

bosphore de Thrace , ou canal de Constantinople , qui sépare l'Europe de l'Asie ; le bosphore Cimmérien, aujourd'hui le détroit de Caffa , entre la mer Noire et le *Palus-Méotide ,* ou mer de *Zabache.*

_ L'*Euripe* est un petit bras de mer entre l'île de Nègrepont et la Livadie. Ce détroit est célèbre par l'irrégularité de son flux et reflux, à cause desquels ce nom lui a été donné.

La *haute mer* est cette partie tout-à-fait dégagée des terres.

Le long des côtes , la mer s'insinue dans les terres et fait des avances qui ne diffèrent des golfes qu'en grandeur ; aussi ces avances sont-elles quelquefois appelées golfes, mais plus communément baies , anses , culs-de-sacs , ports.

La *baie* ne diffère du golfe que parce qu'elle est bien moindre et plus étroite à l'entrée qu'en dedans.

L'*anse* est une petite avance dans les terres.

Cul-de-sac est une espèce de petit golfe où les vaisseaux sont à l'abri des vents.

Le *port ,* en latin *portus ,* est un prolongement dans les terres où les vaisseaux abordent, peuvent faire leur décharge, prendre leur chargement , et où ils sont en sûreté par les défenses qu'ils reçoivent des fortifications voisines.

Les ports de grand commerce sont appelés *échelles* dans le Levant, du nom latin *scala ,* parce que la côte ou le môle avoit des escaliers , au pied desquels les vaisseaux s'arrêtoient pour la charge ou la décharge des marchandises.

Havre est un ancien mot celtique , que les Anglais et les Hollandais ont rendu par celui de *haven;* il signifie port ou embouchure de rivière.

On peut diviser le rivage de la mer en simple rivage , plage ; rade.

Le *simple rivage* n'a aucun abri ni ancrage.

La *plage* est un rivage de basse mer, où l'on peut entrer à quelque distance de la côte.

D

La *rade*, ou *mouillage*, est quelquefois prise pour la plage, mais plus communément la rade est un ancrage près des côtes, où les vaisseaux sont à l'abri des vents.

Les *marées* sont un mouvement de flux et de reflux qui a lieu deux fois en 24 heures. Ce mouvement est occasionné par l'influence de la lune attirant successivement à elle les eaux de la mer qui se trouvent dans sa direction.

Les *courans* sont des eaux rapides qui entraîneroient les navires loin de leur cours, si les navigateurs n'avoient soin de les éviter. Il y en a un entre la Floride et les îles de Bahama, un autre à travers le détroit de Gibraltar.

Le nom d'*arsenal* est donné aux ports destinés particulièrement à la construction et au radoub des vaisseaux, et où se trouve le dépôt des matériaux pour la fabrique de tout ce qui est nécessaire aux agrès.

La *source* est une eau douce qui se trouve dans l'intérieur des terres. Il y a des sources appelées *thermales*, du mot grec qui signifie *chaudes*.

La *rivière* est une eau de source qui coule toujours, dont le nom latin est *fluvius*, *flumen*; les anciens ayant nommé fleuve tout ce que nous entendons dans notre langue par le mot rivière, c'est-à-dire les grandes et les petites : *Danubius fluvius, Eridanus fluvius, Rubico fluvius*, le fleuve du Danube; le fleuve de l'Eridan ou du Pô, le fleuve du Rubicon. C'est ainsi que nous disons indistinctement les rivières de la Garonne, de la Seine, de la Loire, la rivière de Bièvre.

Cependant par le nom de *fleuves* on peut entendre, non seulement les grandes rivières qui se jettent dans la mer, comme le Wolga, le Danube, le Rhin, la Loire, la Seine; mais aussi celles qui portent de grands bateaux, ou qui sont considérables par leur long cours, quoiqu'elles ne portent pas leurs eaux à la mer, et qu'elles se perdent dans les grandes rivières, comme la

Save, la Drave qui se jettent dans le Danube; le Mein, la Moselle dans le Rhin; l'Allier dans la Loire, l'Oise dans la Seine.

Sous le nom des rivières on comprend toutes celles qui n'ont point tant de cours et qui ne sont point navigables, soit qu'elles portent leurs eaux à la mer, comme la Canche dans le département du Pas-de-Calais; soit qu'elles se rendent dans une autre rivière, comme le Loir qui s'embouche dans la Sarthe, département de Maïenne, et aussi toutes les petites qui ne se peuvent passer sans pont. Les bords de ces rivières, étant un peu élevés, sont appelés *berges*.

La droite ou la gauche d'une rivière est le côté à la droite ou à la gauche du voyageur qui, supposé à égale distance des deux bords, va dans le même sens que la rivière.

Les sources des rivières viennent de fontaine, de lac, d'étang ou de marais.

L'embouchure est proprement la sortie d'une rivière, c'est-à-dire, l'endroit par où elle sort de son lit, pour entrer dans une autre rivière, ou dans un lac, ou dans la mer. Cette embouchure est nommée conflant, condé, gras, grau, boucaut, bec et bouche.

Conflant, du mot latin *confluens*. Quoiqu'on puisse appeler conflans, tous les endroits où une rivière se joint à une autre, ce nom semble néanmoins particulier à quelques-uns, puisqu'il a été donné à des places situées près la jonction de quelques rivières, comme Coblentz en Allemagne, qui signifie conflant où la Moselle s'embouche dans le Rhin; Conflant où la Marne se décharge dans la Seine; Conflant où l'Oise tombe dans la même rivière.

Condé, ancien mot celtique, a la même signification que conflant. Ce nom est conservé en plusieurs endroits, comme Condé en Hainaut, à la jonction de l'Aisne avec l'Escaut; Condé dans la Lorraine, où la Meurthe se jette dans la Moselle; Condé où la Vienne se joint à la Loire.

On nomme *gras*, du mot latin *gradus*, les embouchures du Rhône ; *grau*, celles des rivières et des étangs des côtes du Languedoc, et *boucaut*, celles des Basques et des Landes.

Quelques-unes ont pris le nom de *bec*. Le *bec d'Ambez* est la jonction de la Garonne et de la Dordogne ; la rencontre de l'Allier dans la Loire est nommée *bec d'Allier*.

D'autres n'ont que le nom de *bouche*, comme *bouche-Maïenne*, à l'embouchure de la Maïenne dans la Loire, *bouche-d'Egre*, où la rivière tombe dans le Loir.

Plusieurs rivières ont des cataractes et des gués dans leur cours.

La *cataracte* est l'endroit où une rivière tombe avec beaucoup de bruit et d'impétuosité. Celles du Nil sont assez connues.

Le Boristhène ou Niéper, le Danube, le Rhin en ont aussi, comme un grand nombre de rivières de Suède.

Le *gué* est l'endroit d'une rivière où l'eau a si peu de profondeur, que l'on peut passer en sûreté, comme le *gué de la Blantade*, dans la rivière de Somme, entre Abbeville et Saint-Vallery.

Quelques-uns de ces gués se nomment *pas*, comme *pas d'Authie*, celui de *Gofliers* à l'embouchure de la même rivière.

Le *ruisseau* est un courant d'eau fort petit, dont le lit est si étroit, qu'il est guéable par-tout.

Le *torrent* est une espèce de lit de rivière ou de ruisseau, par où les pluies et les neiges fondues des plaines et des montagnes s'écoulent avec impétuosité, et qui deviennent à sec après avoir coulé quelque temps. On donne aussi le nom de torrent à des ruisseaux qui ne sèchent jamais, parce que, recevant dans leur lit les décharges des plaines et des montagnes, ils coulent alors avec autant d'impétuosité que les torrens. Les anciens même ont appelé torrens des fleuves et des rivières considérables, tels que le Rhône, l'Isère, la Durance, à cause des ravages que font leurs cours impétueux, lorsqu'ils sont enflés des décharges des montagnes voisines.

Il y a une espèce de lac que l'on appelle étang, et une espèce de rivière que l'on nomme canal.

L'*étang* est proprement un lac artificiel qui, par le moyen d'une digue ou chaussée, retient les eaux de sources et de pluies, lequel peut être mis à sec en levant l'écluse ou la bonde.

Le *canal* est une rivière artificielle, et, quoique ce nom s'emploie quelquefois pour signifier le lit, cependant il exprime plus ordinairement une rivière faite ou pour la navigation, ou pour le desséchement des pays marécageux, ou pour l'embellissement.

Le canal, fait pour la navigation, établit la communication d'une rivière avec une autre, comme le canal de Languedoc, le canal de Briare, le canal d'Orléans ; ou d'une ville avec une autre ville, comme le canal de Bruges à Gand, et celui de Bruxelles à Anvers.

Les canaux, faits pour le desséchement des pays marécageux, sont appelés *watergants* en Hollande.

On appelle aussi canaux ceux qui sont faits pour l'embellissement des maisons de plaisance, comme les canaux de Versailles, ceux de Fontainebleau.

Le *marais* est une eau mélangée de terre, dont le fond est extrêmement fangeux. Il est des pays entièrement couverts de marais, comme dans la Pologne, en Hollande et en Allemagne.

La *mare* est une espèce de petit étang, mais qui n'a point d'issue.

La *fontaine* est une source d'eau vive, dont les unes coulent et les autres ne coulent pas.

Les sources fort profondes en terre, se nomment *puits*.

La *citerne* est un réservoir d'eau de pluie destinée pour la boisson.

CHAPITRE QUATRIÈME.

Division des grandes Parties des Continens.

Les continens se divisent en régions; les régions se partagent en d'autres moindres, celles-ci en pays, et ces pays en contrées, cantons, etc.

Les continens peuvent encore se diviser par les nations, et les nations par les peuples; ces deux noms se confondent quelquefois.

Mais une nation comprend plusieurs peuples, comme les peuples nommés Bourguignons, Champenois, Picards, Normands, Bretons, et tous les autres peuples de la France composent la nation Française.

De même les peuples de l'empire d'Autriche, de la Prusse, du royaume de Bavière, etc. forment la nation Allemande.

Les nations et les peuples reçoivent leur nom des grandes et des moyennes régions. Cependant les géographes appellent principale région une grande étendue de terre habitée par plusieurs peuples contigus, compris sous une même nation séparée des régions circonvoisines, ou par des bornes naturelles, ou par le langage des habitans.

L'Espagne et l'Italie sont des régions naturellement distinguées des circonvoisines par des montagnes et par des mers. La France ne diffère de l'Allemagne que par le langage.

Les principales régions se divisent en parties. La France étoit divisée en ce qui est *deçà* la Loire, *dessus et aux environs* de la Loire, et *delà* la Loire.

L'étendue d'une moyenne région est la même que celle d'un peuple; ainsi ce qui étoit occupé par les Bourguignons, les

Champenois et les Picards, formoit la région de Bourgogne, de Champagne, de Picardie.

Les moyennes régions se divisent en pays.

On entend par le nom de *pays* ce que les anciens entendoient par celui de *pagus*, nom qu'ils donnoient aux pays qui composoient un peuple, comme anciennement le peuple Suisse comprenoit quatre pays. C'est ainsi que la Normandie étoit divisée en pays de Caux, Vexin, Cotentin et d'Avranches; la Picardie en pays de Boulenois, de Ponthieu, Amiénois.

Ces pays se divisent aussi en moindres portions, appelées proprement contrées, cantons.

La *contrée* est une partie d'un grand pays, laquelle a ses bornes et ses limites.

Le *canton* est la partie d'un pays distinguée du reste.

Le nom de région a encore une autre signification; il indique vers quelle partie du ciel ou de l'horizon un pays est situé à l'égard d'un autre; par exemple, tel pays est situé vers l'est, l'ouest, le nord, le sud; ou l'orient, le couchant, le septentrion, le midi.

Les grandes et les moyennes régions se divisent, 1.º selon leur rapport avec les différentes parties du ciel; 2.º en citérieure et ultérieure; 3.º en intérieure et en extérieure; 4.º en haute et basse; 5.º en grande et petite; 6.º en vieille et nouvelle.

1.º Elles se divisent en *orientales, occidentales, septentrionales* et *méridionales,* des régions du ciel vers lesquelles elles sont situées les unes à l'égard des autres. Le Jutland, en Danemarck, se divise en *Nord*-Jutland et en *Sud*-Jutland, c'est-à-dire, en Jutland septentrional et en Jutland méridional. Le Gothland, en Suède, est divisé en *Ostro*-Gothland, *Westro*-Gothland et *Sud*-Gothland, c'est-à-dire, en Gothland oriental, occidental et méridional.

Il faut remarquer que quelques régions sont dites orientales et occidentales, non qu'elles soient situées ainsi les unes à l'égard des

autres, mais parce qu'elles le sont à l'égard de quelqu'autre
région qui se trouve entre deux : les Indes orientales et les
Indes occidentales ne sont ainsi nommés qu'à l'égard de l'Europe ;
car ces deux Indes étant considérées, suivant leur situation respective, les occidentales sont à l'orient des Indes de l'Asie, que
nous nommons orientales, et par conséquent les Indes de l'Asie
sont à leur occident.

2.º On divise une région en *citérieure* et *ultérieure*, selon la
proximité ou l'éloignement d'un lieu proposé. Cette division se
fait par les montagnes ou par les rivières. L'Afrique est divisée
en citérieure et en ultérieure par le mont Atlas, c'est-à-dire ;
en deçà et au-delà de ce mont, à l'égard de l'Europe. La Lombardie est divisée par le Pô, en deçà et au-delà de cette rivière,
eu égard au reste de l'Italie.

3.º On appelle *intérieure* la partie d'une région la plus engagée dans les terres, et *extérieure* celle qui en est la plus dégagée ;
par cette raison l'Afrique est divisée en intérieure et en extérieure.

· On la divise en *haute* et *basse*, ou par rapport à sa situation
près des montagnes, ou par rapport au cours des rivières ou à
la mer. On nomme haute la partie engagée dans les montagnes,
et basse celle qui est la plus dégagée, comme haute et basse Hongrie, haut et bas Languedoc, haute et basse Auvergne.

. Si la région occupe tout le cours d'une rivière, la partie située
vers sa source, ou vers son entrée dans la région, est nommée
haute ; la basse est la partie voisine de l'embouchure ou de la
sortie de la même rivière, comme on dit la haute et basse
Lombardie, le long du Pô ; la haute et basse Alsace, le long
d'une partie du Rhin.

Quant à la région voisine de la mer, la partie la plus éloignée
et dans les terres s'appelle haute ; celle qui est la plus baignée se
nomme basse, comme la haute et basse Éthiopie, la haute et
basse Normandie, la haute et basse Bretagne.

Les dix-sept Provinces Unies formoient une région nommée

Pays-

Pays-Bas, non pas seulement par l'assiette de la plus grande partie de son terroir qui est extrêmement bas et marécageux, ce qui lui est commun avec plusieurs autres régions, qui cependant ne sont point appelées Pays-Bas, mais parce que, entre les deux grandes régions qui composoient autrefois les états du duc de Bourgogne, celle qui avançoit le plus dans les terres, connue sous le nom de *Bourgogne-Duché* et de *Bourgogne-Comté*, étoit nommée le pays-haut, et celle qui étoit la plus proche de la mer, le pays-bas ; nom qu'elle avoit conservé à cause de son voisinage de la mer, et de plusieurs rivières qui y ont leur embouchure.

5.° La division d'une région en *grande* et *petite* est tirée de la grandeur respective ; c'est ainsi que l'Asie est divisée en *majeure* et en *mineure*, le Thibet en *grand* et *petit*.

6.° Quelques régions se partagent en *vieille* et *nouvelle*, soit à cause de l'ancienneté, soit à cause de la nouveauté de la possession. Les Espagnols ont nommé vieille la partie de la Castille qu'ils ont reconquise sur les Maures, et nouvelle, la partie qu'ils n'ont eue que depuis. Le Mexique se divise en vieux et en nouveau, parce que l'un a été découvert avant l'autre.

Les nations de l'Europe, qui ont donné le nom de leur patrie aux régions qu'ils ont découvertes ou conquises dans l'Amérique, y ont ajouté le nom de *nouvelles* ; les Français ont donné au Canada le nom de *Nouvelle France* ; les Espagnols ont appelé le vieux Mexique *Nouvelle Espagne*, parce qu'ils ont cru voir de la ressemblance entre cette région et l'Espagne ; les Anglais ont donné le nom de *Nouvelle Angleterre* à la côte du Canada, et les Hollandais celui de *Nouvelle Hollande* à cette terre qu'ils ont découverte au midi des Moluques.

CHAPITRE CINQUIÈME.

Division des grandes Eaux qui environnent les continens.

§. I. *Ancien continent.*

De même que la terre est partagée en régions, de même aussi
cette vaste étendue d'eau, connue sous le nom d'Océan, se par
tage en différentes mers ; ce n'est pas qu'elle soit divisée pa
bornes, comme les mers enfermées entre des rivages, et où l'o
entre par quelque détroit, mais parce que l'Océan étant parcour
par des navigateurs, qui ont besoin de distinguer en quel lieu il
se sont trouvés, on a imaginé de faire connoître ces lieux par de
noms particuliers.

L'Océan se divise en quatre grandes parties, qui se subdiviser
elles-mêmes en parties moins considérables, appelées *mers ,* et qu
prennent leur nom particulier des terres et des régions qu'elle
baignent.

L'*Océan ,* aussi nommé *mer extérieure,* parce qu'il environn
le continent, prend ses quatre dénominations différentes, soit d
ses différens rapports avec les quatre points cardinaux du monde
soit des régions du ciel vers lesquelles ses parties sont située
à l'égard de notre continent.

Les Indiens, les Ethiopiens, les Celtes et les Scythes, ayant ét
anciennement les plus fameux peuples de notre continent, dor
ensemble ils occupèrent toutes les parties, soit à l'orient ou au mid
soit à l'occident ou au septentrion, l'Océan semble avoir emprunt
leur nom.

En effet, l'océan oriental est appelé *Indien,* le méridional *Ethio
pien,* l'occidental *Celtique ,* le septentrional *Scythique.*

L'océan Indien baigne les côtes orientales et méridionales d l'Asie; l'Éthiopien baigne celles de l'Éthiopie; le Celtique, ou autrement nommé Atlantique du mont Atlas, s'étend le long des côtes occidentales de l'Afrique et de l'Europe; le Scythique ou Glacial, baigne les côtes septentrionales de l'Europe et de l'Asie.

L'océan oriental se subdivise en mer d'Arabie, mer de l'Inde, mer de la Chine, l'Archipel des Moluques.

Le méridional comprend la mer de Congo, celle des Caffres et celle de Zanguebar.

L'occidental renferme les mers de Guinée, du Cap-Verd et des Canaries, qui baignent les côtes d'Afrique; les mers d'Espagne, de France, des Isles Britanniques et d'Allemagne le long des côtes de l'Europe.

Le septentrional comprend une partie de la mer du Danemark, avec celles de Russie.

Les mers intérieures sont, au nord, la mer Baltique; au nord-est, la mer Blanche de Russie; la mer Méditerranée, dont la partie qui s'avance dans les terres d'Asie s'appelle mer du *Levant*; l'Archipel, nommé aussi mer Blanche, plus fameuse que celle de Russie; la mer de Marmara, autrefois *Propontide*; la mer Noire, autrefois *Pont-Euxin*; la mer d'Azof, autrefois *Palus-Méotide*, qui se décharge dans la mer Noire; la mer Caspienne, au milieu des terres de l'Asie.

§. II. *Nouveau Continent.*

Cette partie de l'Océan, ou cette mer extérieure, a été inconnue ou presqu'inconnue des anciens, comme le continent lui-même. Elle conserve le nom général de *mer*, et se divise en trois grandes parties.

1.° La mer du Nord, qui baigne la côte orientale de l'Amérique septentrionale et une partie de l'Amérique méridionale.

2.° La mer du Sud, qui s'étend, du nord au sud, entre l'Amérique et l'Asie, à l'occident de l'Amérique.

Les noms de mer de Nord et de Sud ont été donnés par Chris-

tophe Colomb. Cet habile navigateur, ayant reconnu que l'isthm
de Panama, qui fait la communication des deux Amériques, étoi
entre deux mers différentes, appela mer du nord celle qui est a
septentrion, et mer du sud celle qui est au midi de cet isthme.

Le nom de mer du *Nord* s'est communiqué à toute la grand
mer qui est à l'orient, et celui du *Sud* à la grande mer qui es
à l'occident de l'Amérique.

La mer du Sud a encore été appelée *mer Pacifique* par Magel·
lan, capitaine portugais, parce qu'il n'y essuya aucune tempête
pendant près de quatre mois qu'il y vogua.

5.° La mer Magellanique est ainsi nommée de Magellan, qui
le premier l'a naviguéè ; elle environne la terre Magellanique el
les îles de ce nom.

La mer du Nord renferme les mers du Canada ou de la Nouvelle
France, du Vieux Mexique ou de la Nouvelle Espagne, et celle du
Brésil.

La mer du Sud ou Pacifique contient les mers de Jeso, de Californie et du Pérou.

La mer Magellanique comprend les mers de Chili, de la terre
Magellanique et du Paraguai, c'est-à-dire, une partie de la mer
du Sud vers l'ouest, et une partie de celle du Nord vers l'est.

CHAPITRE SIXIÈME.

La Géographie historique, politique et civile.

La surface de la terre, considérée suivant les dominations
politiques et civiles, se partage en empires, royaumes, républiques
et autres états souverains, pour distinguer leurs différentes manières de se gouverner.

§. I.er *Explication des Termes de la Géographie historique,*
politique et civile.

On distingue deux sortes de dominations, les unes indépendantes, les autres dépendantes.

Les dominations indépendantes sont celles qui ne reconnoissent
point de puissances supérieures.

Les dominations dépendantes sont celles qui relèvent d'une
puissance supérieure, ou comme fiefs, ou comme tributaires.

Ces dominations, étant gouvernées les unes par un seul, les
autres par plusieurs, peuvent se comprendre, ou sous le nom
de monarchie, ou sous celui de république.

Monarchie, dérivée du grec, veut dire un état gouverné par
un seul, appelé *monarque.*

La *république,* *respublica,* est la chose publique, l'intérêt
général, dont le gouvernement est entre les mains de plusieurs.

Quoique le nom de monarchie puisse se donner à toutes les
souverainetés gouvernées par un seul, l'usage cependant ne le
donne qu'aux grands états, comme aux empires et aux royaumes
dominans, ou à quelqu'état indépendant, gouverné par un seul,
comme l'état de l'Eglise, ou du S.-Siége, par lequel on entend
la domination temporelle du pape, qui renferme plusieurs souverainetés.

Il est une espèce d'état gouverné par un seul, sous le nom de
despote. Celui-ci diffère du monarque, en ce qu'il a droit de vie
et de mort sur ses sujets, et ne suit d'autres lois que sa volonté;
le monarque, au contraire, est celui qui commande seul, mais qui
est censé subordonner sa volonté aux lois établies, comme en
France, en Espagne.

L'*empire* est un état dont le souverain prend le titre d'*empereur,*
ou un autre titre équivalent, comme celui de *Grand-Seigneur*

en Turquie, de *Czar* (1) en Russie, de *toujours Auguste*, d
César, de *sacrée Majesté*, en Allemagne.

Le *royaume* est un état dont le souverain porte le titre de ro
L'empire ne diffère du royaume que par le titre, puisque l'un e
aussi indépendant que l'autre.

Le nom d'empire vient de l'antiquité; elle s'en est servie pou
exprimer une domination qui, ayant conquis ou rendu tributaire
plusieurs états voisins, surpassoit de beaucoup les états ordi
naires par sa vaste étendue. C'est par cette raison qu'elle a donn
le nom d'empire à l'étendue des dominations des Assyriens, de
Mèdes, des Babyloniens, des Perses, des Grecs, quoique leu
chefs ne prissent que le titre de roi.

Chez les Romains, le titre d'empereur, *imperator*, ne signifio
que commandant ou général d'armée.

L'empire d'Allemagne est électif; l'empereur ne porte ce titr
que par élection; il est le chef de l'empire.

L'*empire héréditaire* est celui auquel les enfans succèdent
ou les proches héritiers, comme l'empire des Turcs, l'empire d
Russie.

Les royaumes sont aussi *héréditaires*, comme la France, l'Es
pagne, l'Angleterre, la Hongrie, la Bohême.

Les noms d'*états* et de *couronnes* sont quelquefois ajoutés à celu
de royaumes.

Celui d'*états* signifie les dépendances ou l'étendue d'une domi
nation souveraine. Aussi est-il en usage, non seulement pour expri
mer l'étendue de la domination d'un royaume, mais encore d
toutes les autres sortes de souverainetés; états de l'empire de
Turcs, États-Unis d'Amérique, indiquent l'étendue de ces diffé
rentes dominations.

Sous le nom de *couronne* on comprend tout ce qui est réun

---

(1) Ce mot, dans la langue sclavone, signifie *roi*.

a un royaume ; par cette raison, états de la couronne de Castille exprimen l'étendue de tout ce qui y est réuni.

Les noms d'états et de couronne se joignent souvent ensemble ; mais avec cette différence que, sous le nom de couronne, sont comprises plusieurs souverainetés réunies, ne faisant plus qu'un même corps. Par le nom d'états, au contraire, l'on entend quelquefois plusieurs couronnes ou souverainetés indépendantes, formant des corps séparés, quoique sous une même domination ; par exemple, les états du roi d'Espagne renferment la couronne de Castille et la couronne d'Aragon, qui ont non seulement leurs dépendances et leur étendue distinctes, mais qui sont indépendantes l'une de l'autre, quoique sous la même domination. Les états du roi de Danemarck, qui consistent dans le Danemarck, la Norwège et l'Islande, forment avec la Suède, ce qu'on appelle la *Scandinavie*, ou *les Couronnes du Nord*.

Il y avoit aussi beaucoup de différence entre états de la couronne d'Angleterre, qui ne comprenoient que l'Angleterre et l'Irlande, et états du roi de la Grande-Bretagne, qui renfermoient la couronne d'Angleterre et le royaume d'Écosse, deux souverainetés distinctes, formant chacune un corps séparé, quoique sous un même souverain ; mais aujourd'hui la souveraineté entière réside dans les mains de Georges III, qui est aussi, d'après le dernier traité de paix, roi d'Hanovre.

Il faut remarquer que le nom d'*états* est aussi donné aux assemblées des députés de tous les ordres d'une souveraineté, ou même d'un pays sujet.

Quoique la république soit un état, dont le peuple est gouverné par plusieurs, cependant certains états prenoient le nom de royaume et de république ensemble : on disoit le royaume et la république de Pologne ; d'autres disoient simplement république, comme république de Venise, république de Gênes.

Quelques-unes prenoient le nom de *cantons*, comme les Treize Cantons des Suisses, qui étoient autant de républiques souveraines,

parce qu'elles s'étoient confédérées et unies ensemble pour d
fendre leur liberté, et que, pour délibérer, elles envoyoie
chacune leurs députés, qui composoient une assemblée ou diè
générale.

Tous ces cantons, confondus ordinairement sous le nom de répu
blique des Suisses; du nom général de la nation; prenoient aussi l
titre de *Louables Cantons;* et, avec leurs alliés, celui de *Louabl
Corps Helvétique.*

Les trois Ligues des Grisons liguées en 1470, et alliées au
Suisses en 1491, composoient; il est vrai, chacune plusieurs com
munautés gouvernées par leurs lois; mais elles ne formoien
qu'une république dont la souveraineté appartenoit au conseil de
trois Ligues.

En janvier 1798, les Treize Cantons prirent le nom de *Répu
blique Helvétique,* d'un mot grec qui signifie *beurre,* parce que
c'est un pays de laitage. Les sujets et alliés des Suisses leur son
maintenant réunis et forment avec eux une seule république,
divisée en vingt-deux cantons, ayant un chef qui porte le titre
de *Landamman.* Le dernier traité de paix réunit à la Suisse le
Vallais, le territoire de Genève, la principauté de Neufchâtel,
l'évêché de Bâle, ainsi que la ville et territoire de Bienne.

Plusieurs provinces des Pays-Bas s'étant unies à Utrecht, au
nombre de sept, en 1579; pour se défendre mutuellement contre
le roi d'Espagne, dont elles avoient secoué le joug, formèrent une
république indépendante. Les députés, toujours assemblés à la
Haye, étoient ce qu'on nomme les *États-Généraux,* sans être
néanmoins les souverains de la république. Leur assemblée avoit
la principale direction des affaires, et portoit le titre de *Hautes-
Puissances.*

Cette république possédoit encore plusieurs villes qui n'étoient
pas de ces provinces, et qu'elle avoit conquises sur les Espagnols
depuis l'union d'Utrecht; c'est ce qu'on appeloit le *Pays de la
Généralité,* parce que ces villes, qui appartenoient autrefois à la
Flandre

Flandre et au Brabant, dépendoient immédiatement des *États-Généraux*, et non d'aucune province particulière.

C'est très-improprement que l'on disoit la république de Hollande, puisqu'elle n'étoit qu'une des Provinces-Unies, sans aucune supériorité sur les autres, dont celle de Gueldre avoit la préséance dans les états-généraux.

§. II. *Des différens Gouvernemens républicains.*

De toutes les républiques, les unes sont gouvernées par la noblesse seule ou par les principaux de l'état ; c'est le gouvernement *aristocratique.*

Les autres sont gouvernées par le peuple ; c'est le gouvernement *démocratique.*

D'autres par un petit nombre ; c'est le gouvernement *olygarchique.*

D'autres enfin ont un gouvernement *mixte,* que l'on pourroit appeler *aristo-démocratique,* parce que la noblesse et le peuple ont conjointement l'autorité.

Le gouvernement aristocratique s'exerçoit en Pologne, que l'on pourroit envisager sous deux faces, comme royaume et comme république. Elle avoit un roi ; mais il ne pouvoit lever aucun subside, ni faire aucune loi, sans l'autorité et le consentement du sénat et des diètes générales. La partie de la Pologne, connue sous le nom de grand duché de Varsovie, est partagée entre S. M. l'Empereur de Russie qui prend le titre de Roi de Pologne, et S. M. le Roi de Prusse qui prend celui de duc de Posen.

Dans la république de Venise, la plus ancienne de l'Europe, le gouvernement dépendoit de la noblesse, partagée en quatre classes. Le chef étoit un *doge* ou *duc,* dignité à vie ; mais il pouvoit être déposé, quand il devenoit incapable de remplir ses fonctions. Il présidoit tous les conseils et n'avoit que sa voix comme les autres. Il étoit défendu, sur-tout à Venise, avec une fermeté rigoureuse, de jamais parler en public de la religion ni du gou-

F

vernement, Cette république fait aujourd'hui partie de la domination autrichienne.

Dans la république aristocratique de Gènes, le grand conseil des quatre cents nobles possédoit la souveraineté. Le sénat avoit l'administration ordinaire des affaires. Il étoit composé de douze sénateurs et d'un *doge* ou *duc*, c'est-à-dire, le chef élu alternativement dans l'ancienne et la nouvelle noblesse ; sa charge ne duroit que deux ans. Les états de Gènes sont réunis aux états de S. M. le Roi de Sardaigne qui prend le titre de duc de Gènes.

La république de Genève, réunie à la Suisse, se composoit des citoyens, bourgeois, natifs, habitans et sujets. Les deux premières classes assemblées formoient le souverain ; d'elles se tiroient le conseil des deux cents, celui des vingt-cinq et celui des soixante. Dans ces conseils résidoit réellement la souveraineté ; car il dépendoit d'eux de décider ce qui devoit être porté dans l'assemblée des citoyens et bourgeois.

Le gouvernement de la république de Lucques dépendoit du conseil des six-vingts nobles et d'un chef nommé *gonfalonier*, changé tous les deux mois, de même que les conseillers qu'on lui donnoit pour l'administration des affaires. Il ne pouvoit agir sans la participation du conseil. Cette république, qui étoit devenue principauté, a été érigée en duché par les souverains alliés ; en faveur de S. M. l'infante Marie-Louise et de son fils don Carlos.

La république de Raguse, dont le gouvernement étoit modelé sur celui de Venise, avoit un sénat composé de soixante membres, et un recteur que l'on changeoit tous les deux mois. En vertu du dernier traité, cette république ainsi que toute la Dalmatie dont elle fait partie, forment une province autrichienne.

Quelques-unes avoient un gouvernement mixte, comme la république des Provinces-Unies, sous un chef nommé *stathouder*, avec les titres de gouverneur général, de capitaine général et de grand amiral. Le premier établissement de cette importante charge, qui passoit même aux filles, étoit aussi ancien que la

République ; mais la souveraine puissance résidoit dans l'assemblée des états-généraux. Ces anciennes provinces et les ci-devant provinces Belgiques forment aujourd'hui le royaume des Pays-Bas, sous la souveraineté de S. A. R. le prince d'Orange-Nassau.

Le gouvernement d'Angleterre a cela de particulier, qu'il est tout à la fois monarchique, aristocratique et démocratique. Il est monarchique, étant gouverné par un roi, dont la couronne passe même aux filles. Son aristocratie consiste dans l'autorité du parlement, sans le consentement duquel le roi ne peut faire aucune loi, ni établir aucune imposition.

Le parlement est composé de deux chambres, *la Chambre Haute* ou des *Pairs*, parce que les princes du sang, les ducs, comtes, barons, archevêques et évêques y ont entrée, ainsi que les seize pairs choisis d'Ecosse, depuis que son parlement est réuni à celui d'Angleterre ; la *Chambre Basse* ou *des Communes*, parce qu'elle est formée des députés des villes ou bourgs royaux. Comme ces députés sont tirés d'entre le peuple, et qu'ils ont part au gouvernement à cause de l'autorité qui leur est accordée dans le parlement, on peut dire que la démocratie a lieu en Angleterre.

Quoiqu'il y ait des peuples indépendans des empires, des royaumes et des républiques, il ne faut pas croire néanmoins que ces peuples vivent sans aucune police. Les Béduens, les Benegèbres, Arabes vagabons, se rassemblent par cabilles ou tribus, dont chacune a son chef. Les Tartares vivent par hordes ou assemblées, qui ont aussi leur chef. Les Galles ont le leur, puisqu'ils ont su se maintenir dans les conquêtes qu'ils ont faites sur l'empire des Abyssins. Les Tapuyes, dans le Brésil, ont leurs chefs ; les Auroques, dans le Chili, ont leurs caciques ou capitaines.

§. III. *Des Souverainetés particulières, et des titres qui les distinguent.*

Outre les empires, les royaumes et les républiques, il est encore des souverainetés particulières, spécialement en Allemagne.

. Cette singularité dans la constitution du gouvernement germanique est un effet naturel de la décadence de la maison de Charlemagne, premier empereur de l'empire d'Occident qu'il renou-
vela. Ce prince réunissoit sous sa domination l'Allemagne, la
France, la Hongrie, plus, de la moitié de l'Italie et une partie de
l'Espagne ; mais ses enfans déchurent bientôt de cet état de grandeur ; l'on vit s'élever différentes souverainetés connues sous les
noms d'électorat, de grand-maîtrise, d'archevêché, d'évêché,
d'abbaye, d'archiduché, de duché, de palatinat, de marquisat,
landgraviat, margraviat, burgraviat, vaivodie, villes libres,
principauté, comté, etc.

L'Empire fut toujours électif. Mais dans les commencemens, la
dignité électorale n'étoit point héréditaire, et quoique ceux qui
en étoient revêtus eussent beaucoup d'autorité dans l'élection des
empereurs et des rois des Romains, ils n'étoient pas cependant les
seuls à exercer cette fonction, parce que tous les états de l'Empire avoient droit d'y assister. Dans la suite cette dignité,
devenue héréditaire, donna aux électeurs une plus grande pré-
pondérance, et le long interrègne, qui eut lieu en Allemagne,
leur ayant fourni l'occasion de gouverner les affaires de l'Empire
les plus importantes, et de s'attribuer enfin à eux seuls le droit de
procéder à l'élection des empereurs, les autres princes furent
obligés de leur abandonner ce droit, qui leur fut confirmé, quelque
temps après, par la bulle d'or de Charles V, en 1356.

Il y a peu d'années que l'on comptoit en Allemagne dix électeurs, tous souverains.

Par le nom de *grand-maîtrise*, on entend la souveraineté du
grand-maître des chevaliers Teutons ou Allemands, et celle du
grand-maître de Malte.

L'ordre Teutonique fut établi par Henri, roi de Jérusalem,
en 1190, à Acre, ville très-célèbre, du temps des croisades. Les
chevaliers Teutons, ayant été chassés de la Terre-Sainte, acquirent
depuis 1230 des domaines considérables en Allemagne, et sur-

tout en Prusse ; mais en 1525, Albert, marquis de Brandebourg, leur 64.ᵉ grand-maître, s'attribua toutes les terres que l'ordre possédoit en Prusse. Cependant ils élurent un nouveau grand-maître pour les terres qui leur restoient en Allemagne. Ce grand-maître, qui est toujours électif, fut admis aux états de Franconie, en 1558, et son rang parmi les princes ecclésiastiques est entre les archevêques et évêques. Ce grand-maître doit être catholique, quoique plusieurs des chevaliers soient luthériens. Le grand-maître actuel est l'archiduc Victor, frère de l'empereur d'Autriche.

L'ordre, dit des chevaliers de Malte, depuis leur établissement dans l'île de ce nom, que Charles-Quint leur donna en 1530, après leur expulsion de l'île de Rhodes par les Turcs, fut institué ; en 1106, par Gérard d'Amalfi en Italie, pour loger, servir et nourrir les pélerins qui alloient à la Terre-Sainte.

Ces deux ordres sont les seuls qui aient chacun un chef souverain ; mais avec cette différence que le grand-maître des chevaliers Teutons est un des princes de l'Empire, et dont la plupart des dépendances sont possédées par les protestans. Celui de Malte étoit si puissant, qu'il entretenoit perpétuellement plusieurs galères contre les mahométans.

Il est vrai que cette île relève de la Sicile ; mais ce relief est peu de chose, et le grand-maître est entièrement souverain dans tout le reste. Les Anglais s'en sont emparés.

Par les titres d'*archevêchés* et d'*évêchés* en Allemagne, l'on entendoit certains états qui à la juridiction ecclésiastique joignoient le domaine temporel en souveraineté ; et en cette qualité les possesseurs, c'est-à-dire les archevêques et évêques, faisoient membres entre les princes de l'Empire.

Il y avoit en Allemagne un grand nombre d'abbayes souveraines, dont les religieux et religieuses élisoient les abbés et les abbesses. Les plus considérables entre celles des religieux étoient les abbayes de *Corvey* en Westphalie, de *Kempten* en Souabe, et de *Fulde* dans la Hesse. On appeloit autrefois celle de Corvey *Nouvelle Corbie,* parce que c'étoit une colonie des moines de l'abbaye de

Corbie en Picardie, fondée, en 822, par l'empereur Louis-le-Débonnaire; elle étoit une des plus riches abbayes d'Allemagne, son abbé avoit rang parmi les princes ecclésiastiques de l'Empire.

. L'abbé de Kempten étoit prince de l'Empire, ayant sa voix aux diètes, et ne relevoit que du pape. La ville de Kempten ne lui appartenoit point, parce qu'elle étoit impériale. L'abbaye appartient à présent au roi de Bavière.

L'abbé de Fulde avoit obtenu, en 1752, que son abbaye fût érigée en évêché. Il étoit prince de l'Empire, archi-chancelier de l'impératrice; il dépendoit immédiatement du pape, et étoit élu par ses religieux capitulaires au nombre de treize, tous nobles. Les autres religieux, qui n'étoient pas nobles, composoient la communauté et possédoient les offices claustraux. Le roi de Prusse possède aujourd'hui cet évêché.

Le titre d'*archiduché* donne à l'Autriche la préséance au dessus des autres duchés souverains. Les archiducs ont deux grands privilèges; le premier, de créer, par tout l'Empire, des barons, des comtes et des gentilshommes; le second consiste en ce que l'empereur ne peut leur ôter leur principauté ni leurs terres.

Le titre de *grand duché de Toscane* appartient à S. A. I. l'archiduc Ferdinand d'Autriche, qui, en vertu du dernier traité, est rétabli dans tous les droits de souveraineté et propriété sur ce grand duché.

Le grand duché de Posen est possédé en toute souveraineté par le roi de Prusse. On peut citer les grands duchés d'Oldenbourg, de Mecklenbourg-Schewerin et Strelitz, de Saxe-Weymar, de Hesse, de Luxembourg (ce dernier appartient au roi des Pays-Bas), etc.

· Les *ducs* n'étoient autrefois que des gouverneurs de provinces. Les anciens Francs, qui s'étendoient dans la Westphalie et la Basse-Saxe, s'étoient emparés d'un pays qui fut ensuite appelé *France Orientale*, pour le distinguer de la Gaule. Les rois de France y établirent des gouverneurs, qui prirent le titre de ducs de Franconie, se rendirent indépendans, et le titre de duché devint héréditaire.

Conrad, l'un d'eux, devint, en 911, le premier roi ou empereur d'Allemagne, après l'extinction de la branche de Charlemagne, qui possédoit le royaume de Germanie. Les provinces du royaume de Saxe qui passent sous la domination du roi de Prusse, sont désignées sous le nom de duché de Saxe, et S. M. prend le titre de duc de Saxe. On trouve encore sous ce titre les duchés de Saxe-Gotha, de Saxe-Cobourg, de Saxe-Meinungen, de Saxe-Hilburghausen, etc.

Sous le nom de *palatinat*, l'on entend les états auxquels le vicariat de l'Empire est attaché pendant l'interrègne. L'origine semble venir de ce que les palatins étoient les juges du palais de l'empereur.

Les *marquisats* ou *margraviats* étoient des offices établis pour la défense des confins et des limites des provinces; *mark*, *marche*, signifie confins; mais depuis ayant été rendus héréditaires, ce titre a été donné même à des terres fort éloignées des limites et dans le milieu des états. Le roi de Prusse ajoute à ses titres celui de margrave des deux Lusaces.

Les *burgraviats* étoient des offices établis pour la défense d'une forteresse ou d'une ville. Ces dignités, devenues héréditaires, ont été changées en souverainetés.

Landgraviat signifie comté provincial, dont les landgraves n'étoient anciennement que les juges. En effet, dans sa première institution, cette dignité étoit une commission que les empereurs donnoient à des seigneurs, pour être les juges d'une province et la gouverner; pour assembler les états, et prendre les mesures nécessaires, afin d'y établir et d'y maintenir la paix. On les appeloit *juges provinciaux* ou *comtes de province*, à cause de la jurisdiction qu'ils y exerçoient dans toute son étendue. Ils étoient obligés de recevoir de l'empereur l'investiture de leurs charges. Les landgraviats, qui n'étoient alors que des commissions, devinrent dans la suite des fiefs souverains, que Othon III.e rendit héréditaires. Le roi de Prusse est landgrave de Thuringe. Le

landgrave de Hesse-Hombourg est réintégré dans les possession;
revenus; droits et rapports politiques dont il avoit été privé pa
sut ede la confédération rhénane.

· *Principauté* est une seigneurie dont le seigneur prend le tit;
de Prince. L'origine de ce titre vient peut-être de ce que quelque
princes cadets l'ont communiqué aux seigneuries particulières qu'il
possédoient, ce qui s'est continué à leurs descendans. L'on a depui
érigé dans presque tous les états de l'Europe plusieurs terres sou
ce titre d'honneur, pour des particuliers qui n'étoient pas prince;
de naissance. L'Allemagne et l'Italie ont plusieurs principauté;
souveraines, comme celle d'Isenbourg, placée sous la souverai
neté de S. M. l'empereur d'Autriche.

· En Italie celle de Piombino appartenante au prince Ludovis;
Buoncompagni.

Les pays, dont les comtes avoient le gouvernement sous le;
ducs, et dont ils n'étoient proprement que les juges, s'appeloient
comtés. Ces comtés sont aussi devenus héréditaires, et l'on a même
depuis érigé en comté un grand nombre de terres de peu de con-
sidération.

Les *baronnies* étoient anciennement les principaux fiefs de la
plupart des états de l'Europe, comme la baronnie de Walbourg en
Souabe.

Le nom de *waivodie* est connu dans la Moldavie et la Valaquie; elles ont des princes particuliers, on les nomme *waivodes*,
c'est-à-dire *princes des troupes*.

Le royaume d'Espagne a une dignité qui lui est particulière; on
nomme ceux qui en sont revêtus *grands d'Espagne*. Leur privilége
est de se couvrir avant que de parler au roi, pour ceux de la première classe; ou quand ils ont commencé leur discours pour ceux
de la seconde; ou, enfin, quand ils l'ont fini pour ceux de la troisième; mais aucun des grands ne se couvre que par l'ordre du roi.
Il y a de ces grands, dont la dignité est à vie seulement, et d'autres
dont elle est héréditaire.

                                            - §. IV.

§. IV. *Les Villes Libres.*

Ces villes sont celles qui se gouvernent en républiques; il n'en existe qu'en Allemagne. Cracovie, Lubeck, Francfort, Brême et Hambourg ont été déclarées villes libres par les souverains alliés.

§. V. *Division des Grands Etats en différentes sortes de gouvernemens politiques.*

On appelle *province* l'étendue de chacun de ces gouvernemens.

Le nom de province vient des Romains, qui appeloient ainsi les gouvernemens qu'ils établissoient dans les pays conquis par les armes, *procul victa regio.* Ces gouvernemens sont de différentes sortes.

1.° Les gouvernemens de *milice* sont pour l'administration des armes, c'est-à-dire, que le gouverneur est préposé au commandement des troupes qui y sont pour la défense du pays. On les appelle *divisions militaires* en France; on les appelle *vice-royautés* en Espagne, *waivodes* en Russie, *beklerbeklies* en Turquie.

2.° Les gouvernemens de *justice* se nomment *tribunal* en France, *chambre impériale* en Allemagne, *rote* en Italie, *conseils* ou *audiences* en Espagne, *divan* chez le Turc.

3.° L'assemblée des états est composée des députés de tous les ordres d'un pays; elle est nommée différemment selon les différens pays, *assemblée des états, diète, parlement, chambre.* Ces assemblées sont générales ou particulières; les générales sont composées de tous les députés des ordres de toutes les provinces d'un état. En Allemagne, l'assemblée ou diète générale est nommée *diète Germanique;* en Suède, en Suisse, *diète générale; parlement* en Irlande et en Angleterre. L'Écosse envoie des députés à celui d'Angleterre, nommé maintenant *le parlement de la Grande-Bretagne.* L'assemblée des députés du royaume des

G

Pays-Bas se nomme *états-généraux*. Celles de France s'appellen
Chambres.

Les assemblées particulières ne sont que pour les provinces. E
France, les *ci-devant états* de Languedoc, de Bretagne, de Bour
gogne, etc. formoient ensemble les états-généraux. En Angleterre
en Ecosse, les comtés forment les deux chambres du parlement

En France, les départemens envoient les députés qui doiven
composer cette Chambre. Le Roi nomme à la Chambre des Pair

§. VI. *Explication des Noms de ville, cité, village*, etc.

Par le nom de *ville*, on entend ordinairement un grand espac
garni de maisons. On distingue deux sortes de villes : les une
sont entourées de murailles et sont nommées *villes closes ;* le
autres ne sont point entourées de murailles, et sont nommée
villes ouvertes.

Ainsi, une ville est un grand assemblage de maisons contiguës
dont les habitans ont droit de bourgeoisie, et composent un
communauté ; dont les administrateurs prennent différens nom
selon les pays.

Entre les villes, quelques-unes sont appelées *cités*, de l'ancie
nom *civitas*, que les Romains donnoient aux villes auxquelle
ils accordoient le droit de bourgeoisie. Le nom de *cité* est e
usage en quelques endroits, pour marquer une ville qui a quelqu
prééminence au dessus des autres, et qui est capitale de quelqu
ressort. En Italie, toutes les villes épiscopales sont *cités ;* e
Espagne, on nomme *cités* plusieurs villes qui ont droit d'envoye
à l'assemblée des états.

En France, plusieurs villes se divisent en *cité* et *ville*, comm
Paris, Arras, où l'on appelle *cité* l'ancienne ville, et l'on nomm
ville, la nouvelle. Mais, depuis la révolution, l'on ne connoît plu
de villes capitales ; on les distingue seulement par le nom de *che*
lieu de département.

Il faut remarquer que l'on ne peut pas dire qu'une ville est capitale d'une région ou pays, dans lequel il y a plusieurs états indépendans. Quoique Rome puisse se dire capitale de toute la chrétienté en matière de religion, elle ne l'est pourtant pas de l'Italie pour le temporel, chaque état ayant la sienne. Il faut dire de même de l'Allemagne en général, comme aussi de toutes les autres régions composées de plusieurs états souverains.

Le village est un amas de maisons, dont les habitans n'ont point le droit de bourgeoisie; on en distingue de quatre sortes.

Le bourg est celui qui a droit de marché. Il y a des bourgs fermés.

On nomme *paroisse* celui qui a une église avec titre de cure. Le ministre qui en a la conduite est appelé *curé*, du mot latin *cura*, qui signifie soin donné à ces sortes de bénéfices, à cause du soin que ce ministre a de la conduite spirituelle du peuple de son voisinage qui lui est confié. Par cette raison, l'étendue de ces cures est nommée *paroisse*, du mot grec qui signifie *voisinage*.

Le village proprement dit est celui qui n'a pas de paroisse.

Le hameau est composé de peu de maisons.

Château est une maison forte; en observant, 1.º que plusieurs villes ou villages, aujourd'hui nommés *communes*, portent le nom de *châtillon*, de *château*, de *castel*, de *châtelet* et de *bourg*, comme Châtillon-sur-Seine, Château-Thierry, Castelnaudary, le Châtelet, Bourg-en-Bresse; 2.º que, tout au contraire, un grand nombre de villages ont leur nom, qui commence ou se termine par ville, comme Villebon, Villejuif, Chaville, Baville, etc.

Forteresse signifie une ville fortifiée, ou un grand fort dont l'étendue est égale à celle d'une ville.

Citadelle veut dire une petite cité, quoique dans l'origine ce nom ait été donné à l'endroit de la ville que l'on retranchoit par des fortifications, pour servir de retraite aux habitans en cas d'alarme; par l'usage cependant, on appelle de ce nom les forteresses bâties pour tenir les villes en respect, ou pour le refuge de la garnison.

CHAPITRE SEPTIÈME.

La géographie sacrée proprement dite est celle, il est vrai, qui traite des pays dont il est fait mention dans l'Ecriture Sainte et dans l'Histoire Ecclésiastique; mais elle est prise ici pour cette partie de la géographie historique qui considère la surface de la terre suivant l'étendue des principales religions.

Explication des Termes de la Géographie sacrée.

Le mot *religion* comprend en général le culte que les peuples rendent à la Divinité, quoiqu'ils diffèrent dans leur croyance et dans leurs cérémonies.

Toutes les religions peuvent se réduire à quatre principales: le judaïsme, le christianisme, le mahométisme et le paganisme.

Le *judaïsme* a plusieurs branches; la religion *juive*, qui se partage en rabaniste et caraïte. Elle est ainsi nommée du peuple juif, qui en fait profession. On pourroit l'appeler *mosaïque*, de Moïse, son législateur. Elle fut d'abord la religion des Hébreux et des Israélites, parce que les Juifs furent, dans les premiers temps, connus sous ces noms; elle conserve encore le dernier dans quelques pays.

La *samaritaine*, qui est une secte schismatique de la juive, vient du pays de Samarie en Judée, où elle a commencé et où elle subsiste encore.

Le christianisme a pris son nom de J. C. Il a plusieurs branches, qui sont la religion catholique ou romaine, les schismatiques grecs et les protestans.

Catholique veut dire universelle; *romaine*, à cause de Rome, résidence du pape, pour être distinguée, tant des sectes qu'elle appelle schismatiques, que de celles auxquelles elle a donné le nom d'hérétiques.

Les sectes *schismatiques* sont celles qui se sont séparées pour faire des corps indépendans chacun sous son patriarche.

Les *hérétiques* sont celles qui ne veulent point reconnoître de chef dans l'Église, qui se sont elles-mêmes donné le nom de *protestantes*, et suivent plusieurs dogmes condamnés comme hérésies.

Entre les onze sectes schismatiques, il y en a sept qui prennent chacune leur nom des régions où elles sont professées ; celles des Grecs, des Russes, des Géorgiens, des Syriens, des Arméniens, des Cophtes ou Égyptiens, des Abyssins. Il y a encore celles des Jacobites, des Nestoriens, des Maronites et de St.-Thomas, qui tirent leur nom de Jacobus, de Nestorius et de Maron, dont elles suivent les opinions.

Entre les cinq sectes protestantes, les plus considérables sont la luthérienne, la calviniste, ainsi nommées de Luther et de Calvin. Les trois autres sont l'anabaptiste, du rebaptisement ; la socinienne, qui nie la divinité de J. C., et celle des quakers ou trembleurs, fanatiques qui, dans leurs prétendues inspirations, affectent des tremblemens dans leurs membres.

La luthérienne se donne le nom d'*Évangélique* ; la calviniste prend le nom de *Réformée* ; elle est appelée *Anglicane* et *Presbytérienne* en Angleterre ; *Puritaine* en Écosse ; et en France par les catholiques, *Huguenote* et *Prétendue-Réformée*. Elles ont l'une et l'autre plusieurs souverains et plusieurs républiques de leur secte ; les autres sont seulement tolérées en quelques endroits.

Le mahométisme tire son nom de Mahomet. Il renferme soixante-douze sectes, qui se réduisent à deux principales ; celle d'Omar, suivie par les Turcs, les Mongols et une partie des Tartares ; celle d'Ali, gendre de Mahomet, suivie par les Perses.

Le paganisme renferme toutes les religions qui ne sont pas des branches du judaïsme, du christianisme et du mahométisme.

La *religion payenne* est appelée religion des *gentils* et des *idolâtres*.

Sous le nom général de religion des *gentils*, les Juifs comprenoient, sans exception, comme encore aujourd'hui, toutes les religions qui ne reconnoissent point Moïse pour leur législateur, soit que ces religions fussent idolâtres, c'est-à-dire, représentant leurs dieux par des idoles, comme les Philistins, les Syriens ; soit que ces religions n'eussent point d'idoles, comme celle des anciens Perses.

Les chrétiens ont depuis attaché la même idée au nom de religion payenne. Ce nom n'a commencé à être connu que vers le IVe siècle, où les chrétiens le donnèrent premièrement aux religions idolâtres professées dans l'Empire, parce qu'alors il n'y avoit presque plus d'idolâtres que les paysans et ceux qui s'étoient retirés parmi eux.

Chaque religion et chaque secte ont, quant à l'administration spirituelle, une discipline particulière pour la division et l'étendue des pays qui les professent.

Les principales sectes du paganisme sont celles des brachmanes des Indes, des lettrés de la Chine, des lamas, etc.

La *religion chrétienne* renferme, sous le nom d'*Église*, généralement tous ceux qui en font profession.

Le mot *église* signifie l'assemblée des chrétiens.

La première division de l'Église en *Église Latine* et en *Église Grecque*, n'indiquoit que les pays qui se servoient de la langue latine ou de la langue grecque dans la discipline et les cérémonies de la religion, parce que, lorsqu'elle s'établit dans l'Empire Romain, où elle a pris naissance, ces deux langues y étoient les plus générales et les plus en usage, la latine dans les parties occidentales, la grecque dans les orientales.

La séparation de l'Empire en empire d'*Occident* sous Honorius, et en empire d'*Orient* sous Arcadius, donna aussi le nom d'église d'Occident à la *latine*, et celui d'église d'Orient à la *grecque.*

Plusieurs sectes s'étant formées de la religion chrétienne, et s'en étant séparées pour faire corps à part, chacune de ces sectes a pris le nom d'*église* ; mais celui de *catholique* est demeuré par excellence à la véritable, qui a encore pris celui de *romaine*, afin de n'être point confondue avec toutes ces sectes.

La partie de l'église catholique ou romaine, comprise dans les Gaules, s'appelle *Église Gallicane.*

La subordination du gouvernement politique de l'église chrétienne est appelée *hiérarchie*, c'est-à-dire gouvernement sacré.

Cette hiérarchie est divisée en patriarchats, dont le patriarche de Rome a été reconnu pour le chef par les autres patriarches, et par les conciles dès les premiers temps, non seulement parce que Rome étoit la capitale de l'Empire Romain, mais principalement parce qu'elle est la résidence des successeurs de Saint Pierre, qui, pour se distinguer, ont pris le nom de *pape*, c'est-à-dire de père commun.

On appelle *patriarchat* l'étendue de pays qui est sous la direction d'un patriarche, ou prince, ou premier des pères.

Le patriarchat se divise en exarchat ou primatie.

Exarchat est le nom grec dont *primatie* est le nom latin ; le premier est en usage en Orient, le second en Occident.

L'on entend, par ces dénominations, un corps composé de plusieurs provinces ecclésiastiques, dont celui qui en a la direction est appelé *exarque* ou *primat*, c'est-à-dire, premier.

On ajoute le nom *ecclésiastique* à celui de province, pour faire connoître que la jurisdiction est différente de la temporelle, quoique dans la même étendue de territoire.

La première ville de chaque province étant nommée *métropolitaine*, l'évêque en fut nommé *métropolitain*, c'est-à-dire, l'évêque de la première ville. Depuis il a pris le titre d'*archevêque*, ou de premier évêque de la province.

L'évêché est l'étendue qui est sous la jurisdiction ecclésiastique d'un évêque, dont le nom signifie inspecteur ou sur-
veillant.

Abbé, qui signifie père, est le nom que les Orientaux donnoient aux chefs des monastères. Quoique le nom d'abbaye semble
ne convenir qu'aux monastères d'hommes, cependant on l'a donné
à plusieurs monastères de l'autre sexe, dont les supérieures sont
appelées *abbesses*.

Le nom d'abbaye est devenu un titre de dignité pour les deux
sexes, principalement en Europe.

CHAPITRE HUITIÈME.

De l'Etendue de chaque religion.

§. I. De l'étendue du judaïsme.

LE judaïsme étoit autrefois compris dans la Judée, appelée présentement *Terre-Sainte*, et dans quelques régions circonvoisines.
Mais, depuis que cette nation a été dispersée, elle s'est répandue
en Europe, en Asie, en Afrique; le commerce a même transporté
un petit nombre de Juifs en Amérique.

En EUROPE, il s'en trouve dans l'Italie, davantage en Allemagne; mais le plus grand nombre, composé de caraïtes, habite
la Pologne et la Turquie d'Europe.

On appelle *caraïtes* ceux qui sont attachés à la lettre de l'Ecriture Sainte, et qui n'admettent point les traductions du gros des
Juifs.

Il en est fort peu dans la France.

Il s'en rencontre beaucoup en Asie, spécialement dans la
Turquie.

L'AFRIQUE en nourrit aussi un grand nombre; mais nulle part
ils ne forment un corps de peuple dominant.

La

La secte des Samaritains subsiste encore dans la Terre-Sainte, aujourd'hui *Sourie*, ou *Syrie*, en petit nombre à *Naplouse*, ville de Palestine, autrefois appelée *Sichem*.

§. II. *De l'Étendue du Christianisme.*

Le christianisme comprend l'Europe presqu'entière. Il est dispersé dans presque toutes les régions de l'Asie et de l'Afrique, et il s'est établi dans tous les pays que les Européens possèdent en Amérique.

La religion catholique domine seule en Italie, en Espagne. Elle étoit seule dominante dans les états de la maison d'Autriche jusqu'en 1781, que Joseph II accorda à toutes les sectes le libre exercice de leur religion, avec faculté de parvenir aux dignités. Il en est de même en France. Elle règne aussi, quoique mélangée de payens, dans tout ce que possèdent la France, l'Espagne, le Portugal en Asie, en Afrique et en Amérique. Le zèle des missionnaires l'a établie dans presque tous les états mahométans et payens ; il a réuni à l'église Romaine une partie des schismatiques, nommés maronites, avec leur patriarche, les Francs Arméniens, et une partie des nestoriens, connus sous le nom de Chaldéens orientaux, communément appelés les chrétiens de S. Thomas. On trouve en effet des catholiques parmi les peuples mahométans ou payens de l'Asie ou de l'Afrique ; en Amérique, il n'y a que des catholiques et des payens.

§. III. *De l'Étendue des Sectes protestantes.*

Entre les sectes protestantes, celles des sociniens, des anabaptistes et des quakers ou trembleurs, sont de peu d'étendue, et ne dominent dans aucune région. Celle des quakers existe en Angleterre et en Hollande ; celle des anabaptistes est tolérée en plusieurs endroits de l'Allemagne, de la Pologne et dans la partie

H

septentrionale des Pays-Bas. La socinienne est publique en Tran
sylvanie, partie du royaume de Hongrie.

Le luthéranisme et le calvinisme sont les seules sectes qui dom
nent et qui se soient étendues dans les autres parties du mond
par le commerce et les colonies.

Le luthéranisme, outre qu'il est en Danemarck, en Norwège
en Suède et même en Islande, comprend une bonne partie de l
monarchie Prussienne; il est fort étendu dans la Pologne, ε
Hongrie et en Transylvanie.

Le calvinisme, qui se donne le nom de *religion réformée*
domine dans les îles Britanniques, dans le royaume des Pays-Bas
dans quelques cantons et contrées des Suisses, et dans les lieu
de l'Asie, de l'Afrique et de l'Amérique, où les peuples qui l
professent ont formé des établissemens.

En Angleterre, la religion calviniste est partagée en deux bran
chés, l'épiscopale et la presbytérienne.

L'*épiscopale* est ainsi nommée, parce qu'elle a conservé l
évêques qui la gouvernent sous l'autorité du roi qui en est le che
elle se nomme la *religion anglicane ,* parce qu'elle est celle d
la cour, et par conséquent la dominante.

Le bill des droits déclare que le roi de la Grande-Bretagne do
être protestant et de la communion de l'église anglicane, et p
une constitution de l'état, les catholiques Irlandais sont inhabil
à remplir les postes civils.

La *presbytérienne* est celle qui dépend des ministres et d
anciens, telle que Calvin l'a établie à Genève. Un grand nomb
de sectes sont tolérées en Angleterre ; l'église catholique est l
seule qui n'ait pas le libre exercice de sa religion.

Les sectes schismatiques grecques ne s'étendent pas au-delà d
notre continent.

Celles des Grecs et des Russes sont en Europe, en Asie et e
Afrique. La première est la religion des peuples naturels de l
Turquie d'Europe et d'une partie de la Turquie d'Asie, dont

patriarche est celui de Constantinople. La seconde est dominante en Russie ; le patriarche réside à Moscou.

Celles des Syriens, des Géorgiens et des Arméniens sont entièrement en Asie ; la première en Syrie, sous un patriarche ; la seconde en Géorgie et Mingrélie, qui ont chacune leur patriarche ; et la troisième dans les deux Arménies, sous deux patriarches, l'un pour la grande et l'autre pour la petite.

, Les Syriens et Arméniens sont jacobites ou eutychéens. Le nom de *jacobites* vient d'un certain moine eutychéen, nommé *Jacob Zanzale*, qui, ayant été ordonné évêque par *Sévère*, patriarche schismatique d'Antioche, au VI.ᵉ siècle, prêcha l'hérésie d'Etuychés en Mésopotamie et en Arménie. Comme il réunit les différentes sectes des Syriens eutychéens, les Grecs leur donnèrent le nom de jacobites.

Les Géorgiens sont schismatiques grecs ; ils ne diffèrent presque en rien de l'église grecque, non plus que les Mingréliens. Leur croyance, leur discipline, leurs cérémonies sont, à peu de chose près, les mêmes. Ils sont réunis de communion au patriarche de Constantinople, et très-attachés au christianisme, malgré l'oppression violente sous laquelle ils sont tenus par les Perses. Les Mingréliens ne dépendent plus du patriarche des Géorgiens ; ils ont un primat nommé improprement patriarche, élu par le prince, qui élève ordinairement à cette dignité son plus proche parent.

La secte des Cophtes ne subsiste qu'en Afrique. Ce sont des peuples originaires d'Égypte, comme l'exprime leur nom, qui n'est qu'une corruption de celui d'Égyptiens dans la langue grecque. Leur croyance est la même que celle des Syriens, ce qui fait qu'on les confond en donnant aux uns et aux autres le nom de *jacobites*. Leurs coutumes sont aussi à peu près semblables ; et l'on voit encore aujourd'hui des villages et des couvens dans toute l'Egypte, qui sont composés de Cophtes et de Syriens. Les Cophtes sont fort pauvres, et la plupart ne subsistent qu'en

faisant les fonctions de secrétaires chez les seigneurs Turcs , étan
chargés des registres de leurs terres.

Leur patriarche, successeur du fameux Dioscore , prend le tin
de *patriarche d'Alexandrie*. Il réside au Caire, et a sous lu
quelques évêques dont les plus connus sont ceux de *Damiète* dan
la basse Égypte, de *Fium* dans la moyenne et *Siout* dans l
haute. Il y a aussi un évêque Cophte à Jérusalem. ·

La croyance et les coutumes des Abyssins sont presque en tou
semblables à celles des Cophtes. Ils n'ont éu de tout temps qu'u
seul évêque pour toute la nation. Cet évêque prend maintenar
le titre de *catholique* , ou patriarche d'*Axum* , autrefois capital
d'Abyssinie. Sous lui sont les prêtres et les diacres qui composer
tout le clergé de la nation. Les prêtres desservent les paroisse
qui sont nombreuses. Pour les diacres , outre ceux qui exercer
les fonctions, il n'y a presque pas de grand seigneur qui ne 1
soit, pour avoir entrée dans le sanctuaire. Le *Négus* même , o
empereur des Abyssins , se décore de cette espèce de dignit
Les Abyssins sont plus ignorans et plus portés à la superstitio
que les Cophtes. Ils ont une telle frayeur de l'excommunication
que souvent les prêtres et les religieux , qui sont en gran
nombre , en abusent et excommunient pour la faute la plus légère
Leurs instrumens de musique sont des petits tambours, que le
prêtres officians portent suspendus au cou et qu'ils battent ave
les deux mains.

La secte des nestoriens s'étend dans la Syrie , dans le Curdistan
dans le Diarbeck , dans l'Yrac et dans quelques provinces de l
Perse et de l'Inde , sous un patriarche de Séleucie, qui réside
depuis long-temps , à *Alcus* ou *Elcong* , monastère près d
Mosul , vis-à-vis les ruines de l'ancienne Ninive. ·

La croyance, la discipline et les cérémonies des nestoriens n
diffèrent pas beaucoup de celles de l'église grecque et des autre
églises schismatiques d'Orient, excepté qu'ils admettent deux per·

sonnes en J. C. et qu'ils refusent à la Vierge le titre de *Mère de Dieu*, à l'exemple de Nestorius.

§. IV. *De l'Étendue du Mahométisme.*

Le mahométisme est répandu dans les trois parties de l'ancien continent, l'Europe, l'Asie et l'Afrique.

En EUROPE, la religion mahométane domine dans la Turquie d'Europe ; elle est aussi professée par un grand nombre de Tartares sujets de la Russie.

En ASIE, elle règne presque seule dans l'Arabie ; elle est dominante dans la Turquie d'Asie, dans la Perse, dans le royaume de Candahar, les parties occidentales de la Russie Asiatique, et dans la partie septentrionale de la presqu'île de l'Inde, en-deça du Gange, dans les îles Maldives, dans la plupart des îles de la Sonde et des Moluques.

En AFRIQUE, elle domine dans l'Égypte, dans toute la Barbarie, le Sahra, la Nubie, une partie du pays des Nègres et sur les côtes du Zanguebar.

Il se rencontre aussi beaucoup de mahométans au milieu des états payens de l'Asie et de l'Afrique, mais principalement dans l'Abyssinie.

§. V. *De l'Etendue du Paganisme.*

Entre les religions payennes, celle des *Parsis*, qui adoroient le soleil et le feu, étoit la religion dominante de la Perse ; mais depuis que la mahométane y règne, il n'y a plus que très-peu de naturels du pays qui fassent profession de l'ancienne ; quelques-uns se sont établis sur les côtes voisines de la Perse, et dans plusieurs endroits de la presqu'île en-deçà du Gange. On les appelle *Gaures* ou *Guèbres*. Ces idolâtres prétendent néanmoins ne reconnoître qu'un seul Dieu, et ils regardent le feu comme son image.

La religion des *brachmanes* étoit autrefois la seule de la pre
qu'île en-deça du Gange, ou occidentale ; et depuis que le m
hométisme s'y est établi, elle est encore la plus générale et
plus suivie des peuples naturels du pays, et des états mahom
tans de la presqu'île au-delà du Gange, ou orientale. Elle s'e
conservée dominante dans les autres états de la même presqu'île

Les *brachmanes* étoient des philosophes très-austères, qui fa
soient profession de vivre seuls à l'écart ; ils avoient quelque re
semblance, pour la manière de vivre apparente, avec nos religieu
Les *bramines*, qui leur ont succédé, sont des prêtres Indiens d
la première race des *banians*, anciens idolâtres des Indes, qu
croient à la métempsycose. Les bramines, comme ceux qui sui
vent leur religion, ont un grand respect pour la vache ; ils s
frottent le visage avec ses excrémens, et ils se regardent comm
très-heureux, s'ils meurent tenant une queue de vache.

Les Chinois doivent être regardés comme idolâtres, parce qu
leur religion est mêlée d'idolâtrie. Elle se divise en trois sectes
La première, dite de *Jukiao*, considère les premiers rois et leur
philosophes comme des espèces de divinités. Cette secte, com
posée de *lettrés* ou savans, ne rend point de culte aux idoles
mais elle adore le ciel, elle offre des sacrifices au soleil, à l
lune, aux astres, aux morts, et en particulier à Confucius, le pèr
des philosophes Chinois, né en 551, et mort l'an 479 avant J. C
Pour cela elle a certains tableaux qui le représentent, devan
lesquels elle fait des libations en offrant de l'encens, des viande
et des fruits. L'empereur est de cette secte.

La seconde, dite de *Laozu*, adore les idoles et leur bâtit de
temples. Elle conserve aussi un très-grand respect pour Confucius

La troisième est celle de *Fô* ou *Xaca*, venue des Indes à l
Chine, environ mille ans après la réformation de Confucius. Ell
suit une idolâtrie grossière mêlée d'athéisme. Les prêtres s'appel
lent *bonzes*, ils pratiquent la magie, l'astrologie, et croient à la
métempsycose. Elle est la plus en vogue dans le Japon.

On trouve aussi à la Chine des mahométans et des juifs, qui y sont venus deux cents ans avant la naissance de J. C.

La religion des *Lamas*, fort répandue à l'extrémité de l'Orient, est un mélange d'idolâtrie et de superstition ; mais comme ils ont plusieurs cérémonies et coutumes qui ressemblent à celles des chrétiens, on a conjecturé qu'elles viennent en partie des semences du christianisme jetées autrefois par les nestoriens en Tartarie. Cette religion est celle d'une grande partie de l'empire Chinois. Les Lamas emploient l'eau bénite, chantent dans le service divin et prient pour les morts. On prétend même que leur habillement est celui que nos peintres donnent aux apôtres, et ils portent des mîtres comme nos évêques.

Près de *Lassa*, capitale du Thibet, est le mont *Poutala*, où réside le *Dalaï-Lama*, souverain pontife idolâtre des Mongols et Calmoucks. Ce grand lama est tout occupé du culte qu'il rend à l'idole *Fô*, et de celui qu'on lui rend à lui-même, comme à un Fô vivant ; car il est regardé comme une divinité par tous les peuples du nord des Indes. En effet, le peuple le croit immortel ; croyance fondée sur le prestige employé par les prêtres-valets, qui ont soin de sa personne, et qui ont intérêt, lorsqu'il meurt, de lui en substituer un autre, auquel ils donnent toute la ressemblance possible, ou d'affirmer que son âme anime un autre corps, suivant la doctrine de la métempsycose à laquelle tous ces idolâtres sont attachés. Il est visité par une multitude de pélerins, qui viennent à lui avec de grands présens, pour l'adorer et le consulter comme un oracle. Son appartement est magnifiquement meublé, et l'or y brille de toutes parts. Cependant le feu du ciel tomba, en 1727, sur le grand temple de ces idolâtres, et le réduisit en cendres.

François Xavier prêcha l'évangile au Japon, en 1549, avec tant de succès, que trois gouverneurs de ces îles envoyèrent des ambassadeurs au pape. La religion chrétienne y fit un tel progrès depuis ce temps-là, qu'en 1629 on y comptoit un nombre

prodigieux de chrétiens. Ce nombre ayant donné de l'ombrage
à l'empereur du Japon, il excita, en 1637, une persécution qui eu
des suites très-funestes. Il n'y reste plus l'ombre même du christianisme, et les empereurs ont défendu aux chrétiens d'y aborder

On attribue l'extinction du christianisme dans cet empire au
calomnies du président du comptoir Hollandais, qui, pour mieu
établir le négoce de sa nation, réussit dans le projet qu'il avoi
formé d'en exclure toutes les autres en rendant leur religion
odieuse.

Il y a aujourd'hui un chef de la religion. Ce chef, nommé
Daïro, est idolâtre; il réside à Meaco; il est regardé comme un
oracle; on a pour lui une si grande vénération, qu'on n'osele
toucher; ce n'est que pendant son sommeil, qu'on coupe ses
ongles, sa barbe et ses cheveux.

L'idolâtrie règne en plusieurs contrées de l'Afrique. Les peuples de la Guinée sont presque tous idolâtres. L'empereur du
Monomotapa est respecté comme une divinité par ses sujets, qui
ne lui parlent qu'à genoux. En 1561, il fut baptisé avec toute sa
cour par un jésuite Portugais, qu'il fit mourir peu de temps après,
à l'instigation de quelques Arabes. Les marques de sa dignité sont
une petite houe qu'il porte à sa ceinture, et deux petits dards
qu'il tient à la main : ce sont des symboles. La houe est pour
avertir ses peuples qu'ils doivent s'appliquer à l'agriculture; un
des dards signifie qu'il doit punir les méchans, et l'autre qu'il
doit défendre ses sujets contre leurs ennemis. Il entretient un feu
qu'il envoie renouveler, chaque année, dans tous les états des
princes ses vassaux.

La Cafrerie est habitée par des idolâtres; elle a été ainsi nommée
par les Arabes mahométans, dans la langue desquels le mot *cafre*
signifie infidèle, ou homme qui ne connoît pas Dieu.

L'adoration du soleil et même celle du diable étoient les religions les plus générales de l'Amérique, avant que le christianisme
s'y fût établi. Les peuples du Pérou adoroient le soleil; ceux de

la Floride et quelques-uns du Nouveau Mexique l'adorent encore. Les peuples du Canada, de la Guïane, du Brésil et de la plus grande partie du Paraguai, n'adorent ou du moins ne révèrent que le diable, dans la crainte qu'il ne leur fasse du mal.

On peut-dire que les Américains sont idolâtres, excepté ceux qui suivent la religion des nations auxquelles ils ont été obligés de se soumettre. Les idolâtres ont une connoissance confuse d'un Dieu qui a créé le monde, et d'un esprit malin qui, selon eux, les tourmente. Les peuples de la Floride immolent au soleil, qui est presque leur unique Divinité, les prisonniers de guerre, et les mangent ensuite. Ceux du Brésil n'ont ni temple, ni monument extérieur à l'honneur d'aucune Divinité.

L'étendue de chacune de ces religions fait connoître qu'en EUROPE il y en a trois : la chrétienne, la mahométane et la judaïque ; que cette dernière est sujette des deux autres qui sont dominantes.

En ASIE, quatre : la chrétienne et la judaïque qui ont peu d'étendue, la mahométane et la payenne qui y sont dominantes.

En AFRIQUE, quatre : la chrétienne, la mahométane et la payenne, qui y sont dominantes, et la judaïque sujette. La chrétienne a moins d'étendue que les deux autres. Elle est professée dans les pays soumis à la France, à l'Espagne et au Portugal.

En AMÉRIQUE, deux : la chrétienne et la payenne ; l'une et l'autre dominantes.

CHAPITRE NEUVIÈME.

Division de la surface de la Terre, suivant l'étendue des principales langues actuellement en usage.

§. I. *Des Langues générales et particulières.*

QUOIQU'IL semble d'abord qu'il y ait autant de langues différentes qu'il y a de peuples différens sur la surface de la terre,

I

l'usage a néanmoins fait observer que plusieurs de ces langues, ayant beaucoup de rapport entr'elles, n'étoient que des dialectes ou idiômes, c'est-à-dire, qu'elles étoient dérivées d'une même, appelée par cette raison *mère-langue.*

. Les *mères-langues* sont *générales* ou *particulières.* ·

Les générales sont celles d'une grande étendue, que les con-quêtes, la religion et le commerce ont propagées chez les différens peuples.

· Les particulières sont celles d'une petite étendue, et par consé-quent en usage seulement chez quelques peuples. ' ,

On peut compter quinze langues générales : la Latine et la Teutone dans les deux continens connus : l'Esclavone, la Grecque l'Arabe, la Tatare, la Chinoise, l'Africaine ou Bérébère, la Nègre et l'Ethiopienne, qui ne s'étendent pas au-delà de notre continent. ·

. La Mexicaine, la Péruvienne, la Tapuye, la Guyarane et la Calybine sont renfermées dans l'Amérique, ou nouveau continent

§. II. *De l'Etendue de chaque langue générale.*

La *langue latine* est une mère-langue, que l'on appelle *morte* parce qu'il n'y a point de pays présentement dont elle soit la lan-gue naturelle. Mais elle subsiste encore par ses différens idiômes qui sont les langues italienne, espagnole et française, par les-quelles elle s'étend dans l'Italie, la France, l'Espagne, et dans les pays qui leur sont soumis. Elle a encore l'avantage, sans parler de l'église romaine, d'être comme une langue générale et néces-saire à quiconque veut communiquer, pour ainsi dire, avec les anciens, et prendre connoissance de leur morale et de leur histoire.

La *teutone* est naturelle à l'Allemagne, à la Suède, au Dane-marck et aux îles Britanniques. Elle s'est aussi établie dans les pays soumis aux peuples qui la parlent, dans l'un et l'autre continent. Cette langue en a formé diverses autres, qui n'en sont que des dialectes; savoir, l'allemande, la flamande, l'anglaise, la suédoise et la danoise.

L'*esclavone* a produit celle que l'on parle en Russie, dans la Pologne, en Bohême, en Hongrie et dans la plus grande partie de la Turquie d'Europe. Les langues de toutes ces régions ne sont que des idiômes de l'esclavone.

La *grecque* est en usage, mais dans un idiôme corrompu, dans la partie méridionale de la Turquie d'Europe, qui est l'ancienne Grèce, daus les îles de l'Archipel et dans la Natolie, qui fait partie de la Turquie d'Asie.

L'*arabe* s'étend dans la Turquie d'Europe; en Asie, dans l'Arabie, dans la Turquie d'Asie, la Perse et l'Inde; en Afrique, dans la Barbarie, l'Égypte, le Sahra, la Nigritie, la Nubie, et sur les côtes orientales de la Cafrerie appelées de *Zanguebar* et d'*Ajan*.

La *tatare* se parle généralement dans la Russie d'Asie, dans la partie méridionale de la Russie d'Europe; delà elle s'étend dans la Turquie d'Asie, l'Hindoustan et la Chine.

La *chinoise* est en usage non seulement dans la Chine, mais encore dans une partie de l'Inde et dans la plupart des îles de l'Asie.

L'*africaine*, la *nègre* et l'*éthiopienne*, ne sont en usage que dans l'Afrique. L'*africaine* ou *bérébère* est plus ou moins mélangée avec l'arabe dans la Barbarie, le Sahra, la Nubie, suivant qu'il reste plus ou moins d'Africains parmi les Arabes.

La *nègre* comprend toute la Nigritie et la Guinée.

L'*éthiopienne* est parlée dans toute l'Éthiopie ou l'Afrique méridionale.

Les langues renfermées dans le continent de l'Amérique sont: la *mexicaine*, usitée dans le Mexique ou Nouvelle Espagne; la *péruvienne*, dans le Pérou; la *tapuye*, langue générale des Tapuyes qui occupent tout le Brésil; la *guyarane*, dans le Para.

I 2

guay, jusqu'à la rivière des Amazones ; la *calybine*, dans l'une et l'autre partie de l'Amérique. Elle est la langue des Caraïbes, peuples des îles du même nom dans l'Amérique septentrionale ; elle est aussi la langue générale de tous les peuples de la Guïane et de la Terre-Ferme, dans l'Amérique méridionale.

§. III. *Des Langues générales dans chacune des quatre parties du monde.*

Il résulte, par l'étendue de chacune de ces langues les plus générales, que l'Europe en a cinq ; quatre naturelles, la latine, la grecque, la teutone et l'esclavone ; une étrangère, la tatare, qui lui est venue d'Asie.

L'Asie en a sept, dont quatre lui sont naturelles ; l'arabe, la persane, la tartare et la chinoise ; trois étrangères, que l'Europe lui a communiquées, la latine, la grecque et la teutone.

L'Afrique en a six, dont trois naturelles ; l'africaine ou bérébère, la nègre et l'éthiopienne ; les trois autres étrangères, la latine et la teutone venues de l'Europe ; l'arabe qui est sortie de l'Asie.

L'Amérique, tant septentrionale que méridionale, en a sept, dont la mexicaine, la péruvienne, la tapuye, la guyarane et la calybine sont naturelles ; les latine et teutone lui sont étrangères.

§. IV. *Des Langues qui ont le plus d'étendue entre les générales.*

Les conquêtes, la religion et le commerce ont introduit les langues étrangères parmi les naturelles ; c'est par cette raison que, entre toutes les langues, la grecque, la latine, la teutone, la tatare et l'arabe se sont beaucoup plus étendues que les autres.

La *grecque*, après avoir eu presque autant d'étendue que la Grèce elle-même, et s'être fort augmentée à l'aide de la religion chrétienne, est présentement comme resserrée dans ses anciennes bornes, n'étant plus en usage que pour les cérémonies de la religion, chez les peuples qui suivent les dogmes de l'église grecque, et entre les gens de lettres.

La *tatare*, outre une partie de la Russie d'Europe, la Russie d'Asie et la Chine, occupe encore la même étendue que l'empire des Turcs et des Hindous qui sont Tatares d'origine, et dont les langues sont des branches de la tatare.

L'*arabe* s'étend presqu'autant que la religion mahométane, c'est-à-dire, qu'outre l'Arabie, d'où elle tire son origine, elle est encore d'un commun usage dans plusieurs provinces de la Turquie et de la Perse en Asie; en Afrique, parmi les peuples qui descendent des Arabes et qui se sont établis dans l'Egypte, la Barbarie, le Sahra, la Nubie, le Zanguebar. Elle est employée pour les cérémonies de la religion mahométane, en Turquie, en Perse, dans les provinces les plus occidentales de la Russie d'Asie, de la Tatarie indépendante, de l'Hindoustan et autres parties de l'Inde où cette religion a été admise, dans plusieurs îles de l'Asie, et même dans la Turquie d'Europe, la partie méridionale de la Russie d'Europe, comme aussi dans une partie de la Nigritie et chez les Abyssins qui sont mahométans.

La latine et la teutone sont les seules qui aient l'avantage de s'être répandues dans les deux continens connus.

La *teutone*, outre l'Allemagne, les îles Britanniques et la Scandinavie, régions de l'Europe dont elle est la langue naturelle, s'est établie au dehors par plusieurs de ses branches.

Par l'*anglaise*, en Amérique dans la Nouvelle Angleterre, la Virginie et quelques-unes des îles Antilles.

Par la *hollandaise*, elle s'est introduite sur plusieurs côtes d'Afrique, comme de la Guinée, du Congo, d'Angola et des Cafres; en Asie, sur les côtes des deux presqu'îles de l'Inde, des îles de Ceylan, de Java et des Moluques; en Amérique, dans plusieurs îles des Caraïbes, et sur la côte de la Guiane.

Par la *danoise*, elle est entrée dans les terres arctiques, comme l'île d'Islande, et peut-être sur les côtes du Groënland.

La *latine* a une étendue bien plus considérable; car elle est en usage, non seulement pour les cérémonies, par-tout où l'on professe la religion chrétienne, mais elle est même la langue de tous les savans de l'Europe. Elle a gagné dans toutes les parties du monde, par les langues espagnole et française.

La *langue espagnole*, tant la castillane que la portugaise, s'est établie dans toutes les plus belles régions de l'Amérique, le long des côtes, et dans quelques îles de l'Asie et de l'Afrique.

La *castillane* dans les îles Antilles, dans la nouvelle Espagne, la Terre-Ferme, le Pérou, le Chili et le Paraguay, où elle est présentement plus usitée que les langues naturelles. Elle s'est aussi introduite dans les îles Philippines.

La *portugaise*, outre la côte du Brésil, est pratiquée dans tout ce que sa nation possède le long des côtes de l'Amérique, dans les Indes orientales et dans les îles de l'Afrique.

La *langue française* s'est introduite dans tout ce que sa nation possède en Amérique. La guerre, le commerce et les sciences l'ont tellement rendue nécessaire chez presque toutes les nations de l'Europe, qu'elle y est généralement en usage.

§. V. *Des Langues particulières ou de peu d'étendue.*

On appelle langues de peu d'étendue celles qui sont particulières à quelques peuples, ou qui, ayant été resserrées par les plus générales, ne s'étendent pas au loin.

En Amérique, excepté dans le Mexique et dans le Pérou, il y en a presqu'autant de différentes qu'il y a de différens peuples, quoique, peut-être, toutes ces langues descendent d'un petit nombre de mères-langues, dont les idiômes se sont rendus si dissemblables par les guerres continuelles que ces peuples antropophages se font les uns aux autres, et par le défaut de communication.

Il n'en est pas de même dans notre continent, parce que les langues des peuples les plus puissans se sont étendues, et en ont détruit beaucoup d'autres par le moyen des conquêtes, de la religion et du commerce.

L'Afrique en a une plus grande diversité, parce que plusieurs peuples de l'Ethiopie sont antropophages, et ne communiquent point les uns avec les autres.

L'Asie semble en avoir moins ; les grands empires, qui s'y sont élevés en différens temps, ayant tâché d'introduire l'uniformité de langue dans toute leur étendue. On en distingue néanmoins plusieurs que l'on peut citer.

La *japonaise* est la seule des peuples du Japon, sans aucun mélange d'autres langues étrangères.

L'*arménienne* est fort en usage pour le commerce dans la Turquie et dans la Perse.

Les *langues guzurate*, *malabare* et *malayoise* ont leurs cours sur les côtes des Indes et dans les îles voisines, particulièrement la malayoise, qui y est estimée comme la plus belle et la plus élégante des Indes orientales.

Il est en Europe des mères-langues d'une moindre étendue, et que l'on peut réduire à six.

L'*irlandaise*, en usage en Irlande, est encore la langue du nord de l'Ecosse, dans les îles Britanniques.

La *finlandaise* est dans la Scandinavie, et comprend la Finlande et la Laponie.

La *bretonne*, langue de la Basse-Bretagne, est aussi appelée *galloise*, de ce qu'elle est la langue naturelle du pays de *Galles*, province d'Angleterre.

La *basque* comprend la Basse-Navarre en France, et la Biscaye en Espagne.

La *hongroise*, en Hongrie et en Transylvanie.

- L'*albanoise*, ainsi nommée de l'Albanie, province de la Turquie d'Europe.

~~~~~~

CHAPITRE DIXIÈME.

Des Couleurs différentes et des différentes formes extérieures du Corps des habitans de la terre.

Quoique les hommes paroissent très-différens les uns des autres; suivant les régions différentes qu'ils habitent, soit par la couleur, soit par la forme extérieure du corps et principalement du visage, il semble cependant que l'on pourroit les réduire à deux classes; la première distinguée par la couleur, la seconde par la forme extérieure du corps.

Si l'on considère les hommes en général par la couleur, on peut les diviser en blancs et en noirs.

§. I. Les *blancs* se divisent, 1.º en blancs proprement dits; 2.º en bruns; 3.º en jaunâtres; 4.º en olivâtres.

1.º Les blancs proprement dits sont tous les habitans de l'Europe, une partie de ceux de l'Asie; savoir, les habitans de la Natolie, de l'Arménie, de la Géorgie, des provinces de Perse, vers le Nord et la mer Caspienne; tous les habitans de la Russie d'Asie, de la Tatarie indépendante, ceux des provinces septentrionales de la Chine, et les Japonais.

2.º La couleur brune appartient à la plus grande partie des habitans de la Barbarie, de l'Egypte, du Sahra et du Zanguebar dans l'Afrique; dans l'Asie, les habitans de la Syrie, du Diarbeck, de l'Arabie, des provinces méridionales de la Chine, des îles de Ceylan, des Maldives, de la Sonde, des Moluques et des Philippines sont à peu près de même couleur.

<div align="right">3.º Les</div>

' 3.º Les Indiens sont la plupart jaunâtres. Ceux qui sont basanés, ne le sont que parce qu'ils s'exposent beaucoup au soleil.

' 4.º La plus grande partie des Américains est de couleur olivâtre.

Les *noirs* sont tous les Africains en général. Quoiqu'on les divise en *Nègres* et en *Éthiopiens*, ils ne diffèrent point par la couleur, excepté la plupart des habitans de la Barbarie, de l'Égypte, du Sahra, et du Zanguebar, qui certainement ne sont point originaires de l'Afrique, mais qui viennent ou de l'Europe ou de l'Asie. Le reste des habitans est noir, et il est aisé de juger qu'avant que les Européens et les Asiatiques se fussent établis dans ces régions, elles n'étoient habitées que par des noirs, comme sont présentement la Nigritie, la Guinée, l'Abyssinie, le Congo, le Monomotapa et la Cafrerie.

§. II. *La forme extérieure du corps*, qui diffère selon les différentes régions considérées en général, est de deux sortes; car, excepté les habitans des parties septentrionales de l'Europe et de l'Asie, savoir, les Lapons et les Samojédes, et peut-être encore ceux des terres arctiques, qui sont d'une taille courte, contrefaite, la plus grande partie des autres habitans de l'Europe, de l'Asie, de l'Afrique et de l'Amérique sont assez bien proportionnés, d'une taille à peu près semblable.

Il est vrai que les peuples, considérés séparément, ont certains traits différens dans la forme du visage, qui les font distinguer; mais toutes ces différences peuvent se réduire à quatre classes, dont la variété est assez remarquable pour établir une division.

Dans la première sont compris tous les Européens, excepté les habitans de quelques parties septentrionales, méridionales et orientales de la Russie. On y comprend encore la plupart des habitans de la Barbarie, de l'Égypte, du Sahra, du Zanguebar; ceux de la Turquie en Asie, et d'une partie de la presqu'île

K

de l'Inde en deçà du Gange, lesquels ressemblent assez de
visage aux Européens.

La seconde renferme les Chinois, les habitans de la Russie
Asiatique, de la presqu'île orientale ou au-delà du Gange, des
îles du Japon, des Philippines, des Moluques et de la Sonde;
tous ces peuples ont les épaules larges, le visage extrêmement
plat, le nez écaché, les yeux ovales et finissant en pointe.

La troisième comprend les Lapons, les Samojédes, petits
hommes, gros et trapus, qui ont de grosses jambes, les épaules larges, le col court, le visage tiré en long et qui semble
tenir de l'ours. Les plus grands ont à peu près quatre pieds et
demi de haut. On pourroit y joindre les habitans des terres
arctiques, qui sont d'une couleur grisâtre et enfumée.

La quatrième est celle des Africains, à l'exception de ceux
qui sont rangés avec les Européens; ils ont la peau huileuse
et polie, le nez plat, les lèvres grosses, peu de poils à la barbe,
les cheveux crépés comme de la laine, les dents blanches, l'intérieur de la bouche, la langue et les lèvres rouges comme du
corail, ce qui les différencie autant de tous les autres peuples,
que la noirceur de leur teint.

CHAPITRE ONZIÈME.

Géographie physique.

La géographie physique considère le globe terrestre, 1.º par
ce qui constitue sa substance; 2.º par ce qui compose sa surface.
La première partie regarde l'histoire naturelle proprement dite,
sur laquelle il faut consulter les ouvrages des naturalistes; la
seconde appartient à la géographie. En effet, la surface du
globe présente d'abord la distinction de la terre et de l'eau,
ensuite la division de cette terre en continens et en îles.

Après avoir examiné cette surface, suivant ces différens points
de vue, et suivant les différentes dominations politiques, il est
bon maintenant de faire connoître, par une courte analyse,
les isthmes, les golfes, les détroits, les lacs, les caps, les presqu'îles, les îles, les montagnes, les fleuves ou rivières, et les
villes les plus remarquables qui se trouvent dans chacun des
quatre continens.

§. I. En Europe.

1.° Les *isthmes* sont : celui de *Corinthe*, qui unit la Morée,
autrefois le Péloponèse, avec la Grèce, dans la Turquie méridionale.

L'isthme de *Précop*, joignant la Crimée au continent près la
mer de Zabache.

2.° Les *golfes* sont au nombre de quatre, qui retiennent le
nom de *mer*. La mer *Méditerranée*, au sud : elle forme elle-
même plusieurs golfes, connus sous les noms de golfe de
Lyon ou *di Leone*, au sud de la France ; de golfe de *Gènes*,
à l'est du précédent ; de golfe de *Tarente*, dans le pied de
l'Italie ; de golfe de *Venise*, entre l'Italie et la Turquie d'Europe ; de golfe de *Lépante*, entre la terre-ferme de Grèce et
la Morée. La mer de l'*Archipel*, entre la Grèce et l'Asie. La
mer *Baltique*, entre l'Allemagne et le gouvernement Russe
de Vilna, au sud ; le Danemarck, et la Suède propre, à l'ouest ;
le gouvernement Russe de Riga à l'est : elle communique avec
la mer de Danemarck, par les détroits du Sund, du grand et
du petit Belt : cette mer forme, au nord, le golfe de Bothnie ;
à l'est, le golfe de Finlande ; et, au sud, le golfe de Dantzich.
La mer *Blanche* forme un golfe, au nord de la Russie.

Le golfe *Salonique*, qui s'avance dans la terre-ferme de Grèce,
prend son nom d'une ville très-ancienne et fort peuplée. Saint
Paul a écrit deux épîtres aux premiers chrétiens de cette ville.

Le golfe de *Murray*, au nord-est de l'Ecosse, le golfe de *Forth*, au sud-est de la même contrée; le golfe de *Boston*, sur la côte orientale de l'Angleterre; le golfe de *Solway*, au nord-ouest; le golfe de *Biscaye*, entre la France à l'est, et l'Espagne au sud.

3.º Les *détroits* sont ceux de *Waigats*, entre la côte des Samojédes en Russie, et l'île de la Nouvelle Zemble; de *Constantinople*, anciennement nommé le *bosphore de Thrace*, joignant la mer de Marmara avec la mer Noire, et séparant l'Europe de l'Asie; de *Gallipoli*, appelé autrefois l'*Hellespont*, faisant la communication de l'Archipel avec la mer de Marmara. L'entrée de ce détroit est défendue par deux châteaux appelés les *Dardanelles*; l'un en Europe est le château de *Rumélie*, l'autre en Asie, le château de *Natolie*.

Le détroit du *Sund*, entre le Danemarck et la Suède, joignant la mer Baltique à l'Océan. Le canal de *Saint-George*, entre l'Angleterre et l'Irlande; le Pas-de-*Calais*, entre la France et l'Angleterre; le détroit de *Gibraltar*, entre l'Europe et l'Afrique; il donne entrée à l'Océan dans la Méditerranée.

Le détroit qui sépare la Sicile de l'Italie, dangereux par ses deux gouffres connus sous les noms de *Carybde* et de *Scylla*, des mots phéniciens, *chourabedum*, qui signifie *trou de perdition*, et de *schoul*, ou *malheur mortel*. Ce détroit est appelé *Phare de Messine*.

. 4.º Les lacs sont ceux de *Ladoga*, d'*Onéga*, de *Peipus*, d'*Ilmen* et de *Biéla-Ozero* ou *Lac-Blanc*, dans la Russie.

Les lacs de *Constance* et de *Genève*, au nord-est et au sud-ouest de la Suisse : en Italie, le lac de *Côme*, autrefois lac *Larien*; le lac *Majeur*, anciennement lac *Verban*; le lac de *Garde*, autrefois lac *Bénac*, dans le royaume Lombard-Vénitien; celui de *Pérouse*, autrefois le lac *Trasimène*, dans l'Etat de l'Église.

5.º Les *caps* sont le *Nord-Cap*, au nord de la Laponie; *Cléar*, au sud de l'Irlande; *Lézard*, au sud-ouest de l'Angleterre ; *Finistère*, an nord-ouest de l'Espagne ; *Saint-Vincent*, au sud-ouest du Portugal ; *Matapan*, au sud de la *Morée*.

6.° Les *montagnes* sont, les *Ophrines*, qui séparent la Norwège de la Suède. Les *Semenoi-Poyas*, nommés par les anciens *Monts-Riphées* et *Hyperboréens*, aujourd'hui *Monts Ourals*, forment une longue chaîne qui s'étend jusqu'au détroit de Waigals, séparant, vers le nord, l'Europe de l'Asie. Les monts *Krapacs* bornent la Hongrie au nord et à l'est. Les *Alpes* séparent l'Italie de la France, de la Suisse et de l'Allemagne.

L'*Apennin* traverse l'Italie dans toute sa longueur du nord-ouest au sud-est. Les *Pyrénées*, entre l'Espagne et la France, au nord-est, sont ainsi nommées du mot phénicien *pareni*, qui signifie *branchu*. Elles étoient autrefois couvertes d'arbres du côté de l'Espagne. Le mont *Adrien* est le plus haut des Pyrénées. Dans un endroit de ce mont se trouve un rocher qui a été entièrement percé. Il forme une voûte de quarante à cinquante pas ; on y reçoit de jour que par les deux extrémités qui sont fermées par de grandes portes. Pour passer de Guipuscoa, petite province septentrionale d'Espagne, à Alava, autre petite province au nord de l'Èbre, il faut traverser le mont Adrien. Les monts *Costegnats* partagent la Turquie d'Europe en septentrionale et en méridionale.

Il y a en Europe trois volcans ou montagnes brûlantes : le mont *Vésuve*, près de Naples ; le mont *Gibel* ou *Etna*, en Sicile ; et le mont *Hécla*, en Islande. Ce dernier a beaucoup de mines de soufre ; couvert de neiges, il jette des flammes par ses ouvertures. Les Islandais croient qu'une partie des damnés est jetée dans le feu de ce mont, pour y brûler, et que l'autre est condamnée à geler éternellement dans les glaces qui avoisinent leur île.

7.° Les *presqu'îles* sont, au nord, la *Suède* et la *Norwège* ; la partie du Danemarck appelée *Jut-Land* ; l'Espagne avec le

Portugal; l'*Italie ;* la *Morée ,* au sud de la Grèce, ou Turquie d'Europe.

La *Crimée ,* anciennement *Chersonèse Taurique ,* appartient aujourd'hui à la Russie.

8.° Les *îles* sont les *îles Britanniques ,* qui consistent en deux grandes et plusieurs petites, dans l'Océan.

La Grande-Bretagne à l'est, et l'Irlande à l'ouest, composent ensemble les royaumes d'Angleterre, d'Ecosse et d'Irlande. Les deux premiers, aujourd'hui réunis, s'appellent la *Grande-Bretagne ;* le dernier garde le nom d'*Irlande.*

Les petites sont les *Westernes* ou de l'ouest ; les îles de *Schetland ,* les *Orcades ,* au nord ; l'*Islande* près du cercle polaire ; l'île de *Schie ,* entre les Westernes et l'Ecosse. C'est dans cette île que le prince Edouard, fils de Jacques III, aborda en 1745.

Les *Sorlingues ,* à l'ouest du comté de Cornouailles ; l'île de *Wight ,* au sud.

Les îles de *Séland* et de *Funen* en Danemarck, à l'entrée de la mer Baltique.

Le long de la côte occidentale de Norwège est un grand nombre de petites îles, parmi lesquelles se rencontre celle de *Loffouren ,* fameuse par son gouffre de *Maelstron ,* qui en est proche. On disoit autrefois que les vaisseaux s'y perdoient comme dans un abîme ; mais l'expérience a fait diminuer beaucoup la peur qu'inspiroit ce courant, qui, par intervalles, est dangereux pour les bateaux qui s'y trouvent.

Les îles *Majorque , Minorque* et *Iviça ,* autrefois nommées *Baléares ,* à cause de l'adresse que les Phéniciens, leurs anciens habitans, avoient à lancer des pierres avec une fronde. Du temps des Maures, elles formoient un royaume, appelé royaume de *Majorque ;* mais il fut conquis par Jacques I, roi d'Aragon, en 1228 et 1229.

Les îles de *Corse ,* de *Sardaigne ,* de *Sicile* et de *Malte* se

trouvent dans la Méditerranée ; *Candie*, *Négrepont* dans l'Archipel.

9.° Les *fleuves* ou rivières principales sont, en Angleterre, la
Tamise, formée de la réunion de deux rivières. La première
est l'*Yse*, qui sort du comté de Glocester et passe à Oxford ; la
seconde est la *Tame*, qui prend sa source dans le comté d'Har-
fort, à l'ouest, s'unit à l'Yse quelques lieues au dessous d'Oxford, et ne forme plus, avec cette rivière, qu'un même fleuve,
qui prend le nom de *Tamise*, passe à Londres et se décharge
dans la mer, à l'est.

L'*Humber* peut être considéré comme un bras de mer, dans
lequel se déchargent plusieurs rivières, au nord de la Tamise.

La *Saverne*, qui a son embouchure dans le canal de Bristol,
prend sa source dans les montagnes du comté de Montgomery,
un des douze de la principauté de Galles, et se jette dans la
mer à l'ouest.

La *Dei* prend sa source dans la principauté de Galles, et se
perd dans la mer à l'est de l'île d'Anglesey. C'est à l'embouchure de cette rivière que l'on s'embarque pour aller en Irlande.

Le *Tay*, qui sort d'un lac de même nom, divise l'Écosse en
septentrionale et en méridionale, et se rend dans la mer par le
golfe de Tay, à l'est.

Le *Forth*, en Irlande, a sa source dans la province de Men-
theilg ; après avoir coulé de l'ouest à l'est, il se jette dans la
mer par le golfe de même nom.

La *Spey* prend sa source dans un lac de son nom, en la
province de Murray, et débouche dans la mer, au nord.

La *Clyd*, en Ecosse, traverse le Clysdail où est sa source,
au sud, passe à Glaskow et tombe dans la mer, à l'ouest.

La *Nyth* ou *Nyd*, sort des montagnes du Kyle ; son cours
est du nord au sud ; il traverse le Nydisdail, et se jette dans
la mer, au sud.

Le *Shannon*, en Irlande, prend sa source en Connacie, dans

le comté : de Letrin, au nord , coule du nord au· sud , en tra·
versant les lacs de Rée et de Derghart ; après avoir formé un
autre lac ; dans le comté de Clare , il se jette dans la mer , à l'est.

' La *Torne*, dans la Laponie Suédoise, a sa source dans les
montagnes de Norwège, traverse le lac de Torne et le Torna
Lap-Marck, c'est-à-dire, la Laponie de Torne, une petite partie
de la Bothnie occidentale, et tombe au fond du golfe de Bothnie.

La *Duna* ou *Dina ,* en Lithuanie, prend sa source dans la
province de Rzeva ou Rescow du gouvernement de Novogorod
en Russie , près de celle du Volga , et se jette dans le golfe de
Livonie ou de Riga.

Le *Niémen* sort du gouvernement de Minsk en Lithuanie,
qu'il traverse de l'est à l'ouest, ainsi que la partie la plus septentrionale du royaume de Prusse qu'il sépare des possessions
de la Russie, et se décharge, par plusieurs embouchures , dans
le Curich-Haff qui communique à la mer Baltique.

La *Vistule ,* qui a sa source aux monts Krapacs , dans le duché
de Silésie , traverse, du sud au nord , le royaume de Pologne ;
elle arrose, dans son cours, Cracovie , Sandomir , Warsovie ,
Thorn , Culm et Dantzick , et se jette dans la mer Baltique par
plusieurs embouchures.

L'*Oder ,* en Allemagne, a sa source dans la Moravie, province annexée au royaume de Bohême. Il parcourt la Silésie,
passe à Breslaw , Glogaw , Crossen, Francfort dans le Brandebourg ; puis se partageant en plusieurs branches au dessus de
Stettin en Poméranie qu'il arrose, il tombe dans la mer Baltique
par trois embouchures.

L'*Elbe ,* fleuve d'Allemagne, prend sa source au mont des
Géans, sur les confins de la Silésie et de la Bohême qu'il traverse, passe à Dresde dans le royaume de Saxe, à Wirtemberg
dans le duché de Saxe, ville dans laquelle la secte des luthériens
a pris naissance en 1517 ; à Magdebourg dans le duché de ce nom;

puis

puis se partageant en plusieurs branches au dessus de Hambourg, il se jette dans l'Océan assez loin de cette ville.

Le *Weser* a sa source dans le duché de Saxe - Hildbourhau-
sen au nord du royaume de Bavière. Il porte d'abord le nom
de *Verra*, passe à Meinungen dans le duché de Saxe-Meinungen
près de Munden, il reçoit la Fulde, arrose Brême dans le royaume
de Hanovre, et s'embouche dans l'Océan, au nord-ouest.

Le *Wolga*, en Russie, anciennement *Rha* et *Atel*, prend
sa source au lac Seliger sur les confins du gouvernement de
Twer, passe à Twer, à Ugliz, à Joroslaw, à Kostroma; il
reçoit l'*Oka* près de Nisneï-Novogorod, arrose le gouvernement
de Kasan, reçoit le *Kama* au dessous de la ville; de là coule
vers le sud; pour recevoir le *Samara*, et, après un cours
de plus de cinq cents lieues, il se jette dans la mer Caspienne
à douze lieues d'Astracan. Ce fleuve, qui peut servir à diviser la
Russie Européenne en septentrionale et en méridionale, communique par des canaux, que l'impératrice Catherine II a fait achever,
avec le lac Ladoga, qui se perd dans la Baltique par la *Neva*.
La jonction de ces deux mers seroit fort utile pour le commerce, si la traversée n'étoit pas de deux ans. Il faut aller contre
le courant de l'eau, et l'on est obligé d'attendre, dans le second
canal, que les rivières soient enflées et puissent fournir assez
d'eau pour les écluses.

Le *Don*, anciennement nommé *Tanaïs*, prend sa source à
vingt-cinq lieues au sud de Moscow, près du lac Iwan, et, faisant un grand circuit du nord au sud, il va se rendre dans la
mer d'Azof ou de Zabache, qui communique à la mer Noire
par le détroit de Caffa.

Le *Dniépér* ou *Niéper*, autrefois le *Boristhènes*, prend sa
source en Russie, dans le gouvernement de Smolensk, passe à
Smolensk, à Kiow, et se jette dans la mer Noire, près d'Oc-
zacow, en traversant le gouvernement de Kherson. Il reçoit une
rivière remarquable, nommée le *Pripeck*, qui commence à se

L

-former dans le gouvernement de Volhinie, et devient considé
rable par le concours de plusieurs autres rivières. Elle traverse
la partie méridionale de la Lithuanie de l'ouest à l'est, et se
joint au Niéper, quelques lieues au dessous de Czernobel.

Beaucoup au dessous de Kiow, au sud-est, se rencontrent le
treize *Porouis* du Dniéper. Ce mot, en langue esclavone, signi
fie *Pierre-de-Roche*. En effet, ces Porouis sont comme une chaîne
de pierres qui barre le cours du fleuve. Quelques-uns sont sou
l'eau, d'autres à fleur d'eau, et d'autres hors de l'eau, à une hau
teur de plus de huit à dix pieds, d'une grosseur énorme, et
très-rapprochés les uns des autres. Cette digue, formée par la
nature, arrête le cours du fleuve qui tombe de cinq ou six pieds
de haut en plusieurs endroits, et en d'autres de six à sept, selon
qu'il est plus ou moins enflé par la fonte des neiges. Les Cosa
ques, nommés *Saporovi*, qui habitent aux environs de ce fleuve,
sont si habiles à manier l'aviron, qu'ils passent ces Porouis dans
leurs canols : nul même n'est agrégé parmi eux, s'il n'a donné
cette preuve de son habileté.

Le *Niester* prend sa source aux monts Krapacs, dans la Gal
licie orientale, où il baigne Halicz; ensuite il sépare la Turquie
de la Russie, et se décharge dans la mer Noire à Akerman en
Bessarabie, entre l'embouchure du Dniéper et celle du Danube.

Le *Petzora*, qui sort des monts Ourals, traverse, du sud au
nord, une province du gouvernement d'Archangel. Son embou
chure est dans la mer Glaciale, par un golfe appelé *Suchoe-
More*, ou *mer Sèche*. Le froid est si rude dans cette contrée,
que les rivières n'y dégèlent qu'au mois de mai, et recommen
cent à geler au mois d'août.

La *Dwina* est formée du concours des rivières de *Sukona*
et de *Joug*, qui s'unissent à Ustioug. C'est de cette réunion qu'elle
tire son nom, qui signifie *Double* ou *les Deux*. Elle coule
ensuite vers le nord-ouest, et se jette dans la mer Blanche
à Archangel.

. Le *Danube* a sa source dans la Forêt-Noire, au grand duché
de Bade; il arrose, de l'ouest à l'est, les royaumes de Wurtemberg, de Bavière, l'Autriche, la Hongrie, la Servie, la Bulgarie,
c'est-à-dire, qu'il traverse l'Allemagne, la Hongrie, le nord de la
Turquie d'Europe, et va se jeter dans la mer Noire par plusieurs
bouches. C'est à Ulm, dans le royaume de Wurtemberg, qu'il
commence à être navigable. On y pêche, dans un endroit peu
éloigné de la mer Noire, un petit poisson qui, étant enfermé
dans une bouteille de verre pleine d'eau douce, avec un peu de
sable au fond, annonce, par sa tranquillité ou par son agita-
tion, les divers changemens de temps, beaucoup mieux que nos
baromètres.

La *Save* a sa source dans la Haute-Carniole, près la frontière
de la Carinthie, la traverse toute entière, borne l'Esclavonie au
sud, et se décharge dans le Danube au dessous de Belgrade.

Le *Rhin*, la plus grande rivière du royaume des Pays-Bas,
prend sa source au mont Saint-Gothard ou *Adula*, au pays des
Grisons, sépare le grand duché de Bade des départemens de
Haut et Bas-Rhin, arrose le grand duché de Bas-Rhin et celui
de Clèves et Berg; puis, au fort de Skenck se divise en deux
branches : la gauche s'appelle *Vahal*; la droite retient le nom
de *Rhin*. Au dessous du même fort, il se divise encore en deux
branches, à Arnheim (1); l'une prend le nom d'*Yssel*, et tirant
droit au nord, se jette dans le golfe de Zuyderzée; l'autre, qui
retient le nom de *Rhin*, continue son cours droit à l'ouest: enfin,
il se partage encore en deux bras dans la province d'Utrecht.
Le bras gauche prend le nom de *Leck*, et va se joindre à la
Meuse; l'autre conserve le nom de *Rhin*, et se perd dans les
sables au dessous de Leyde.

(1) Cette ville est à l'endroit où commence la jonction de l'Yssel avec le Rhin;
jonction que Drusus, frère de l'empereur Tibère, fit pratiquer huit ans environ
avant J. C.

L'an 860, l'Océan se déborda au point qu'il ruina l'embouchure de ce fleuve, qui ne porte plus son nom jusqu'à la mer. Le *Vahal*, qui est la branche gauche de la première division, passe à Nimègue ; puis se joignant avec la Meuse, à l'est de l'île de *Bommel*, et s'en séparant ensuite, s'y réunit à l'ouest. C'est cette réunion qui forme l'île. Le Vahal prend alors le nom de la Meuse et passe à Dordrecht ou Dort, capitale de la Hollande méridionale.

L'*Èbre*, en Espagne, a deux sources sur les confins de la Vieille Castille, dans les montagnes des Asturies ; la principale est voisine d'un bourg nommé *Fuentibre* ; il cotoie la Biscaye et la Navarre, baigne Saragosse, en traversant l'Aragon, Tortose dans la Catalogne, et se jette dans la Méditerranée, à l'est.

Le *Guadalquivir* ou le *grand fleuve*, en langue arabe, a sa source dans la Manche, province de la Nouvelle Castille, au pied d'une montagne nommée *Sierra Segura*, traverse toute l'Andalousie, passe à Cordoue, à Séville, et tombe dans l'Océan à Saint-Lucar.

La *Guadiana*, autrefois *Anas*, sort de la même province dans une vaste campagne nommée *Campo de Montiel*, où elle a sa source, qui dérive de plusieurs lacs appelés *Las Lagunas de Guadiana*, et prend d'abord le nom de *Rio Roidera*, se perd peu après entre des rochers, et renaît par des ouvertures, que l'on nomme *Los Ojos de Guadiana*, c'est-à-dire, les yeux de la Guadiana, d'où elle coule à Calatrava, après avoir été grossie par la rivière formée, à Villa-Arta, des ruisseaux de *Rus*, de *Xiquela* et de *Bedija* ; elle traverse l'Estrémadure, sépare le royaume d'Algarve de l'Andalousie, et se jette dans l'Océan, près de Castro Marino.

— Le *Tage* prend sa source dans l'Algarie, province de la Nouvelle Castille, sur les confins de l'Aragon, dans une montagne près d'Albarazin sur le *Guadalaviar*, ville forte et l'une des plus anciennes de ce royaume ; il passe à Tolède dans l'Algarie,

capitale de l'Espagne sous les Goths; à Alcantara, dans l'Estrémadure Espagnole, ville ainsi nommée par les Maures dont elle est
l'ouvrage, à cause du très-beau pont construit par les Romains,
du temps de l'empereur Trajan, aux dépens de plusieurs villes,
dont on voyoit les noms dans quatre cadres de marbre, qui
étoient sur ce pont. Il n'y en a plus qu'un qui subsiste, et on y lit
une inscription qui prouve le fait. Ce pont a 200 pieds de hauteur, 670 de longueur, sur 28 de large, quoiqu'il n'ait que six
arches. Le Tage passe ensuite à Santaren, ville de l'Estrémadure
Portugaise, située dans un terroir si fertile, que la moisson se fait
deux mois après la semence. De là il se rend dans l'océan Atlantique, à deux lieues au dessous de Lisbonne, et il n'est navigable
qu'à une petite distance au dessus de cette ville jusqu'à la mer.

Le *Duéro* ou *Douro* a sa source dans la Vieille Castille,
vers les frontières de l'Aragon, près de Soria, ville bâtie des
ruines de l'ancienne Numance, qui fut détruite par Scipion
l'Africain, 130 ans avant J. C. Cette rivière traverse la Vieille
Castille presque entière de l'est à l'ouest, ainsi que les royaumes de Léon et de Portugal, pour déboucher dans l'Océan près
de Porto.

Le *Minho*, qui tire son nom du mot latin *minium*, à cause
du vermillon qui se trouve en abondance sur ses bords, sort du
nord de la Galice, près d'un bourg nommé *Castro del Rey*,
arrose cette province du nord au sud-ouest, et se jette dans
l'Océan, en séparant le Portugal de la Galice.

Le *Pô*, grand fleuve d'Italie, prend sa source à l'ouest, au
mont Viso dans le Piémont, sur les confins du Dauphiné (département des Hautes-Alpes). Il traverse le Piémont, le Montferrat,
le Mantouan, le Ferrarois, en arrosant dans son cours Turin,
Casal, Plaisance, Crémone, et enfin se rend dans le golfe de
Venise par plusieurs embouchures.

L'*Adige* a sa source au nord, dans le Tirol, province d'Allemagne, traverse le royaume Lombard-Vénitien, du nord au

sud-est ; passe à Trente , à Véronne , sépare la Polésine de Rovigo
du Padouan , tous deux au royaume Lombard-Vénitien, et se jette
dans le golfe à huit lieues au sud de Venise.

L'*Adda* , sortant du mont Braulio , dans le pays des Grisons,
traverse le lac de Côme, en ressort auprès de Lecco, arrose une
grande partie du Milanès, passe à Lodi , et se décharge dans le
Pô, entre Crémone et Plaisance.

Le *Tésin* prend une de ses sources au mont Saint-Gothard,
et l'autre dans le bailliage de Belinzone, en Suisse ; traverse le
lac Majeur, sépare à l'est le royaume de Sardaigne du royaume
Lombard-Vénitien, passe à Pavie dans le Milanès, et se rend
dans le Pô.

L'*Arno* a sa source dans l'Apennin, arrose le Florentin, passe
par Florence, par Pise, et débouche dans la mer , au dessous de
cette dernière ville.

Le *Tibre* sort de l'Apennin , près de Camaldoli, autrefois
célèbre monastère , vers les confins de la Romagne, passe près
de Pérouse , d'Orviette, dans Rome, et se jette dans la mer à
Ostie.

10.º Les *villes* capitales ou principales sont , en Angleterre,
Londres sur la Tamise ; *Edimbourg* en Écosse ; *Dublin* sur la
Liff en Irlande ; *Skalholt* en Islande ; *Copenhague* en Danemarck ; *Stockolm* en Suède, port à l'embouchure du lac Meler
dans la mer Baltique ; *Christiania* ou *Anslo* , sur la baie d'Anslo
en Norwège.

Moscow , en Russie, sur la Moska; *Saint-Pétersbourg* , dans
plusieurs îles, à l'embouchure de la Néva, qui communique au
Ladoga.

Amsterdam , qui a pris son nom de la rivière d'*Amstel* qui
l'arrose , et du mot *dan* , c'est-à-dire digues , est en Hollande
province du royaume des Pays-Bas.

Berne sur l'Aar , grande et belle ville, qui donne son nom
au 3.ᵉ canton de la république Helvétique.

Vienne sur le Danube, *Dresde* sur l'Elbe, *Berlin* sur la Sprée, *Hambourg* sur l'Elbe, *Francfort* sur le Mein, sont les villes principales de l'Allemagne.

Prague sur le Muldaw, capitale de la Bohême.

Bude ou *Offen* sur le Danube, *Presbourg* sur le même fleuve; la première, capitale de la basse; la seconde, de la haute Hongrie.

Cracovie sur la Vistule, ville déclarée libre et indépendante, *Varsovie*, sur la même rivière, capitale du royaume de Pologne, *Königsberg*, port un peu au dessus de l'embouchure du Prégel, capitale du royaume de Prusse.

Lisbonne, port et ville bâtie sur sept collines, au bord du Tage, près de son embouchure, capitale du Portugal.

Madrid sur le Mançanarès, capitale de l'Espagne.

Cadix, ville très-ancienne, bâtie par les Phéniciens, qui l'appelèrent *cadir*, mot qui signifie, en hébreu, *haie* ou *rempart*; elle est dans une île nommée aussi *Cadix*. C'est dans son port, très-fréquenté, que se font les embarquemens pour l'Amérique. Elle fut assiégée inutilement, en 1702, par toutes les forces maritimes d'Angleterre et de Hollande. Charles V, en mourant, recommanda à Philippe II de bien conserver trois places; *Flessingue* dans l'île de Walkeren, une des six qui composent la province de Zélande; le fort *de la Goulette* en Afrique, à l'entrée du port de Tunis, et *Cadix*. De ces trois places l'Espagne n'a conservé que la dernière.

Turin sur le Pô, capitale des états du roi de Sardaigne.

Venise, bâtie sur soixante-douze îles, avec communication des unes aux autres par un très-grand nombre de ponts, capitale de l'ancienne république de même nom, fait partie du royaume Lombard-Vénitien.

Rome sur le Tibre, capitale de l'état de l'Église.

Naples, capitale du royaume de même nom.

Constantinople, nommée par les Turcs *Stambol*, sur le détroit de son nom, capitale de la Romanie, province de la Turquie d'Europe, et de tout l'empire Ottoman.

§. II. EN ASIE.

1.º Il est un *isthme* remarquable dans l'Inde, entre les golfes de Bengale et de Siam, c'est l'isthme de *Tenasserim*, qui unit la presqu'île de Malaca avec le royaume de Siam.

2.º Les *golfes* sont ceux de *Bengale*, entre les deux presqu'îles de l'Inde; de *Siam* à l'est de la presqu'île de Malaca; de *Tonquin*, entre le royaume de même nom et l'île de Hainan; de *Petchéli* entre la Chine et la presqu'île de Corée; mer de *Corée*, entre cette presqu'île et le Japon; d'*Amur* ou mer de *Kamtchatka*, au sud de la presqu'île de ce nom; l'*Arabique* ou *mer Rouge* entre l'Arabie et l'Afrique; le *Persique*, entre l'Arabie et la Perse.

Le golfe de *Sinde*, où s'embouche l'Inde ou Sinde, qui a donné le nom à la contrée; de *Cambaye*, sur lequel est située la ville qui lui donne son nom, au nord-ouest de la presqu'île occiden tale de l'Inde; du *Chilan*, province septentrionale de la Perse il a deux gouffres où se précipitent les eaux de la mer Caspienne

3.º Les *détroits* sont ceux de *Behring*, à l'extrémité de la Russie d'Asie au nord-est; de *Seghalien*, entre la Mantchourie province chinoise, et l'île Seghalien ou Tchoka; de *Sangaar* entre l'île Iesso et l'île Niphon; de la *Sonde*, entre Sumatra et Java; de *Malaca*, entre la presqu'île de ce nom et l'île de Sumatra; de *Manar*, entre la presqu'île en-deça du Gange et l'île de Ceylan; d'*Ormus*, à l'entrée du golfe Persique; de *Babel Mandel*, mieux nommé *Bab-el-Mandeb*, à l'entrée de la mer Rouge, séparant l'Afrique de l'Arabie, et par lequel cette mer communique avec l'océan oriental.

4.º Les *lacs* sont la *mer Caspienne*, à laquelle on donne le nom de *mer*, à cause de sa grande étendue, et qui se nomme

aussi

aussi mer de *Sala* et de *Bacu ;* le lac *Aral* ou de *Korasm,* à l'est de la mer Caspienne, qui augmente tous les jours, depuis que les Usbeks y ont détourné le fleuve Gihon ou Amu, l'ancien *Oxus,* qui se jetoit auparavant dans la mer Caspienne; le *Baïkal,* vers le sud-est de la Russie Asiatique.

5.° Les *caps* sont *Ras-al-Gat* à l'est de l'Arabie vers le détroit d'Ormus; *Comorin* à la pointe de la presqu'île occidentale de l'Inde; de *Romanca* au sud de la presqu'île de Malaca; les caps *Est* et *Swiatoi-Noss* ou *Saint,* au nord, dans la mer Glaciale.

6.° Les plus grandes chaînes de montagnes sont le mont *Taurus,* qui traverse toute la Natolie et la Perse. Son nom vient du mot chaldéen *tour,* qui signifie *montagne.*

Les monts de *Pierre* et ceux de *Noss* au nord. Les premiers, appelés autrefois *Imaüs,* s'etendent du sud au nord et se joignent aux *Noss* qui vont au nord-est.

Les monts *Altaïques*, partie de l'*Imaüs ; Poutala,* où le Dalaï-Lama fait sa résidence, dans le Grand Thibet.

Les *Gauts,* du nord au sud, dans la presqu'île en-deça du Gange; *Ararat,* en Arménie, où s'arrêta l'arche de Noé.

7.° Les *presqu'îles* sont la *Natolie* ou *Anatolie,* anciennement nommée *Asie Mineure,* ayant au nord la mer Noire; à l'ouest, la mer de Marmara et l'Archipel; au sud, la partie de la mer Méditerranée appelée mer du *Levant.*

L'*Arabie,* bornée à l'ouest par la mer Rouge, et par l'isthme de Suez qui la sépare de l'Afrique; au sud par la mer des Indes; à l'est par le golfe Persique et l'*Yrac-Arabi* ; au nord par la Syrie et le Diarbeck dont elle est séparée par l'Euphrate.

La presqu'île *en-deça du Gange* ou *occidentale,* d'une largeur fort inégale, allant toujours en diminuant, finit en pointe au cap Comorin vers le sud.

La presqu'île *au-delà du Gange* ou *orientale,* beaucoup plus longue que la précédente, s'étend de l'ouest à l'est, depuis le 90.ᵉ degré de longitude jusqu'au 108.ᵉ, c'est-à-dire, l'espace de 450

M

lieues environ, dans sa plus grande largeur; mais, vers le sud, elle est fort étroite.

La presqu'île de *Malaca*, connue par les anciens sous le nom de *Chersonèse d'Or*, est séparée de l'île de Sumatra par le détroit; elle est fort longue, mais étroite.

La presqu'île de *Camboge*, au nord-est de cette dernière.

La presqu'île de *Corée*, appelée par ses habitans *Kaoli* ou *Chautsien*, fait partie de l'empire Chinois.

Là presqu'île de *Kamtschatka*, à l'extrémité orientale de ce continent.

8.° Les *îles* sont les îles de *Chypre* et de *Rhodes*, dans la Méditerranée; l'île de *Ceylan*, au sud-est de la presqu'île en-deçà du Gange; les *Maldives* au sud-ouest de la même presqu'île, dans l'océan Indien.

L'île de *Behring*, à l'est du Kamtschatka; elle est remarquable en ce qu'elle tire son nom d'un capitaine russe, qui alloit découvrir l'Amérique, et qui y mourut en 1741.

Les îles *Kuriles*, au sud; *Seghalien* ou d'*Amur*, vers l'embouchure de la rivière de même nom, au nord-est de l'empire Chinois.

L'île *Formose* ou *Taiouan*, vis-à-vis la province de Fokien en Chine; l'île de *Hainan*, sous le gouvernement de Canton.

Les îles de *Niphon*, de *Kiusiu*, de *Sikokf* et de *Jesso*, à l'est de l'empire Chinois, composent l'empire du Japon.

Les *Philippines* ou *Manilles*, au sud de Formose, dont les principales sont *Luçon*, *Mindanao*, *Cébu*. Les *Moluques*, au sud des Philippines, dont les principales sont *Gilolo*, *Ceram*, *Timor*. Les îles de la *Sonde*, à l'ouest des Moluques, dont les principales sont *Sumatra*, *Java*, *Banka*, forment avec l'île *Bornéo*, l'île *Celèbes*, la *Nouvelle Guinée*, la *Nouvelle Hollande*, la terre de *Diémen* et la *Nouvelle Zélande*, une grande division maritime à laquelle les géographes modernes donnent le nom d'OCÉANIQUE, par opposition à la division terrestre des quatre parties du monde.

9.° Les fleuves sont l'*Oby*, dans la Russie Asiatique; il prend sa source au sud de cette contrée, l'arrose du sud au nord, reçoit l'*Irtich* et le *Tobol*, et se rend dans l'océan septentrional par le golfe d'Oby, que les Russes appellent *Obskaia Guba*.

Le *Ienisseï* a sa source dans la même contrée, et après un cours d'environ 700 lieues, il se rend dans la mer Glaciale ou océan septentrional.

Le *Lena* prend sa source dans les montagnes voisines du lac Baïkal, coule du sud au nord, et se jette dans la même mer.

L'*Amur*, appelé aussi *Seghalien-Ula* ou *fleuve Noir*, a sa source en Mongolie; il coule de l'ouest à l'est, traverse la Daourie et la Mantchourie, provinces chinoises, et débouche dans le golfe d'Amur, que l'on nomme aussi mer de Kamtschatka. Les rivières d'*Argoun* et d'*Onon*, qui se jettent dans ce fleuve, presque vis-à-vis l'une de l'autre, servent de bornes à l'empire de la Chine et à celui de Russie.

Le *Hoang* ou la *rivière Jaune*, dans la Chine, a ses sources dans le grand désert, au pays des Sifans à l'ouest, remonte au nord, puis descend du nord au sud, coule ensuite à l'est, et se jette dans la mer du Sud.

Le *Kiang* ou la *rivière Bleue* prend aussi sa source à l'ouest des Sifans, et au nord du Thibet; traverse le milieu de la Chine, de l'ouest à l'est, et se décharge dans le golfe de Nankin. Ce fleuve divise la Chine en deux grandes parties, l'une septentrionale, nommée autrefois *Cathai* ou *Kitay*, l'autre méridionale, appelée *Mangi*.

Le *Maikun* ou rivière de *Camboge* arrose la presqu'île au-delà du Gange, traverse le royaume de Laos, et tombe dans la mer des Indes, à l'est du golfe de Siam.

Le *Gange* a sa source dans les montagnes voisines du Grand Thibet, traverse l'Hindoustan du nord au sud-est, et se jette par plusieurs embouchures dans le golfe de Bengale. Il partage l'Inde en *occidentale* ou en-deçà du Gange, et en *orientale* ou au delà du Gange.

L'*Inde* ou *Sinde* prend sa source au nord-ouest de l'Hindoustan, dans le mont *Belour*, et se rend par plusieurs bouches, à l'ouest de la presqu'île en-deçà du Gange, dans la mer des Indes.

Le *Tigre* a sa source dans les montagnes d'Arménie, dans la Turquie d'Asie; il entre ensuite sous terre, et au nord de Diarbékir, il sort d'une caverne avec grand bruit, et coule à l'est du Diarbek, province qui comprend l'ancienne Assyrie et l'ancienne Mésopotamie.

L'*Euphrate* a sa source dans les mêmes montagnes, près d'Erzerum; il coule à l'ouest du Diarbek, s'unit au Tigre à *Corna*, au dessus de *Bassora*, et se jette dans le golfe Persique, au dessous de cette ville.

10.° Les *Villes* principales sont, dans la Turquie d'Asie, *Brouse*, anciennement *Pruse*; il s'y trouve un nombre prodigieux de fontaines; *Smyrne*, sur l'Archipel, est la première échelle du Levant; *Angora*, l'ancienne *Ancyre*, remarquable par ses précieux restes d'antiquité; c'est près de cette ville que Tamerlan vainquit Bajazet en 1401; *Amasié*, patrie du géographe Strabon; *Erzerum*, près de la source de l'Euphrate, est regardée comme l'entrepôt des caravanes de la Perse et des Indes; *Kutaïch*, ville grande, riche et commerçante; *Diarbekir*, sur la rive occidentale du Tigre; *Mossoul* sur la même rive, vis-à-vis du lieu qu'occupoit *Ninive*; son principal commerce consiste en toiles de coton blanches et fines, auxquelles on donne le nom de mousselines; *Alep* sur le ruisseau Marsyas, c'est l'ancienne *Berhœa*; *Jerusalem*, autrefois capitale du royaume des Juifs; près de cette ville est *Bethléem*, bourg célèbre par la naissance de J. C.; *Tripoli*, près de la Méditerranée, est une des échelles du Levant; *Damas*, renommée par ses étoffes de soie et par son ancienne manufacture de sabres; *St.-Jean d'Acre*, sur la Méditerranée, célèbre au temps des croisades, fut assiégée par les Français en 1799; *Bagdad*, sur la rive orientale du Tigre, non loin des ruines de Babylone qui étoit située sur l'Euphrate; *Bassora*, située au

dessous du confluent du Tigre et de l'Euphrate, a produit beaucoup de savans auteurs arabes.

Dans l'Arabie ; *Anah* sur l'Euphrate, au nord-est de l'Arabie
déserte ; *Medine*, très-fréquentée par les mahométans qui y vont
en pélerinage au retour de la Mecque : sa situation dans une
plaine abondante en palmiers la rend très-agréable ; La *Mecque*,
célèbre par la naissance de Mahomet ; les mahometans doivent
aller la visiter au moins une fois en leur vie ; *Lasha*, sur la côte
occidentale du golfe Persique ; *Sana*, dans le royaume d'Yemen,
est la capitale de l'Arabie heureuse ; *Moka*, port sur le golfe
Persique, d'où l'on transporte le café le plus estimé ; *Aden*, dans
l'Arabie heureuse, à l'entrée du détroit de Bab-el-Mandeb.

Dans la Perse ; *Erivan*, au nord-ouest ; au sud de cette ville
s'élève le mont Ararat ; *Tauris*, grande ville très-commerçante ;
Casbin, la trempe des sabres qu'on y fabrique est supérieure à
celle des sabres de Damas ; *Téhéran*, capitale du royaume et
résidence du roi ; *Ispahan*, ancienne capitale, située le long de
la rivière de Zenderoud, sur laquelle on a construit trois beaux
ponts ; *Yezd*, les femmes de cette ville passent pour les plus
belles de la Perse ; *Schiras*, seconde ville du royaume, est célèbre par ses poètes.

Dans le royaume de Candahar ; *Kaboul*, près de la source
de l'Indus, est regardée comme la clef de l'Hindoustan du côté
de la Tatarie ; *Candahar*, capitale du royaume, est un lieu de
passage pour aller de la Perse dans l'Hindoustan : *Zarang* est
située près la rivière d'Hindmend, qui se jette dans le lac Zéré,
on y fait de très-belle porcelaine ; *Tiz*, avec un port sur l'océan
Indien.

Dans l'Afghanistan ou pays des Afghans ; *Cachemire*, sur la
rivière de Jalum : on y fabrique les beaux schalls qui portent
ce nom ; *Lahor*, sur la rivière de Rauvée, renommée par ses
mousselines et ses tapis ; *Moultan*, sur la Rauvée, près de sa
jonction avec l'Indus.

Dans l'Hindoustan ; *Dehly*, au nord-ouest, sur la rivière de Jumna ; les Anglais s'emparèrent de la forteresse en 1798 ; *Agimère*, avec une forteresse sur une montagne ; *Benarés*, sur le Gange, appartient aux Anglais depuis 1775 ; l'université des Brahmes de cette ville est célèbre et la plus ancienne de cette secte ; *Patna*, sur le Gange ; on y fabrique une grande quantité de salpêtre et d'opium, les Anglais y ont un établissement ; *Tatta*, située sur le Delta de l'Indus qui à cet endroit a 1000 toises de large ; *Amedabad*, située près du tropique, fut prise par les Anglais en 1780, et rendue en 1783 aux Marattes, caste nombreuse des Hindous ; *Dacca*, aux Anglais, sur la branche principale du Gange, est le marché général des toiles et des mousselines ; *Cambaie*, située au fond d'un golfe de même nom, dans l'océan Indien ; *Calcutta*, chef-lieu des établissemens anglais dans l'Inde, est située sur la branche occidentale du Gange ; *Baroach*, au sud de Cambaie ; c'est là que se blanchissent presque toutes les toiles fabriquées dans l'Inde ; *Surate*, ville grande et commerçante, avec un bon port sur le golfe de Cambaie : on y compte 500,000 habitans ; *Nagpour*, au centre de l'Hindoustan, est la ville principale des Marattes ; *Cattak*, sur la côte orientale, est une ville fortifiée que sa position rend importante pour les Anglais ; *Bombay*, ville située dans une petite île, sur la côte de Malabar, est un des chefs-lieu des établissemens anglais ; *Visiapour*, capitale d'une province de ce nom : on prétend que cette ville étoit connue du temps de Porus, sous le nom de Bejapour.

. *Goa*, dans une petite île sur la côte de Malabar, a un port qui tient le premier rang parmi ceux de l'Inde ; *Madras*, grande et belle ville, sur la côte de Coromandel : c'est le premier cheflieu des établissemens anglais ; *Seringapatam*, située dans une île formée par le Caveri : les Anglais la prirent d'assaut en 1799 et l'ont conservée depuis ; *Pondichery*, sur la côte de Coromandel, fut fondée par les Français ; les Anglais la prirent plusieurs fois ; enfin elle appartient à ses fondateurs ; *Tranquebar*, au sud de Pondichery, est une ville forte appartenant aux Danois ; *Cochin*, capitale d'un royaume de ce nom, sur la cote de Malabar.

Dans la presqu'île au delà du Gange ; *Ummerapoura*, capitale de l'empire Birman, bâtie il y a quelques années des débris d'Ava, capitale d'un royaume de ce nom, et située à très-peu de distance de la nouvelle ville où réside le souverain ; *Arracan*, capitale du royaume de ce nom, sur la côte occidentale : les Birmans s'emparèrent de cette ville en 1783, et l'empereur y maintient un vice-roi ; *Pegu*, capitale de l'ancien royaume de ce nom, est située au midi d'Ummerapoura : en 1757 Alompra, roi d'Ava, la détruisit de fond en comble ; elle fut reconstruite en 1790, mais elle n'occupe plus que la moitié de son ancienne étendue ; *Syrian*, à l'embouchure du fleuve Pegu ; *Persaim*, à l'ouest de Syrian et près du cap Negrais, est avec son territoire l'apanage d'un fils de l'empereur Birman ; *Louvo*, ville très-peuplée, communiquant avec Siam par un canal ; *Siam*, plutôt *Youthia*, capitale du royaume de Siam et résidence du roi, est située sur le Maygue ou Menan, rivière infectée de grands crocodiles.

Bankok, au sud de Siam, est la seule place vers les côtes, qui ait des fortifications et des batteries ; *Mergui*, sur la côte occidentale, a un port excellent ; *Tenasserim*, ville peu considérable, donne son nom à l'isthme qui joint la presqu'île de Malacca au royaume de Siam ; *Patani*, sur la côte orientale, est une ville très-commerçante et fréquentée par les Chinois; *Queda*, sur la côte occidentale, fait un grand commerce d'étain et de dents d'éléphant ; *Pahang*, au nord-est de Malacca, est située dans un pays où l'on trouve des éléphans ; *Malacca*, dans la presqu'île de ce nom, vis-à-vis de Sumatra, dont elle est séparée par un détroit qui a huit à dix lieues de large, est la résidence d'un gouverneur hollandais ; *Johr*, située avantageusement à l'extrémité méridionale de la presqu'île ; *Kesho*, située sur la rivière San-koi, est la capitale du royaume de Tonquin : c'est une grande et belle ville qu'on dit être aussi grande que Paris ; le roi y fait sa résidence ; *Hean*, au

sud de Kesho et sur la même rivière, est, à cause de la proximité de cette grande ville, l'entrepôt d'un commerce considérable;
Hué, sur la côte orientale, en Cochinchine, est riche et renferme
un beau palais habité par la cour; *Touron*, au sud de Hué, sur
une baie qui offre aux vaisseaux un mouillage assuré; *Quin-nong*
ou *Benda*, capitale du royaume de Cochinchine, sur la côte orientale; *Camboge* ou *Louvec* est située sur la rivière de Maikun,
qui prend aussi le nom de Camboge: elle est la capitale du royaume
de ce nom; elle possède quelques manufactures et fait un commerce assez étendu; *Saï-gong*, près de la rivière de Camboge;
cette ville a un bon port et un arsenal.

· Dans l'Empire Chinois; *Yarkand*, au nord-ouest dans la petite
Bucharie, sur la rivière de son nom : cette ville passe pour être
un dépôt du commerce des Indes avec le nord de l'Asie; *Koten*,
au sud d'Yarkand, étoit une ville florissante dans le siècle dernier :
il est possible que l'espèce de laine, que nous appelons *coton*,
soit ainsi nommée du nom de cette ville qui en fait un grand
commerce; *Turfan*, dans la Kalmoukie, au nord du lac Lop,
est une ville considérable, fréquentée par les marchands qui vont
de Perse en Chine; *Hami* ou *Chamil* est située en Kalmoukie,
dans une plaine fertile; elle est petite, mais très-peuplée, elle
a une lieue de tour et deux belles portes; *Seghalien-Oula*, au
nord-est, dans la Mantchourie, est ainsi nommée de sa position
sur le fleuve de ce nom, que l'on appelle aussi Amur; *Ningouta*,
ville d'où est sortie la maison régnante en Chine, est la résidence
d'un général Mantchou; *King-ki-tao*, capitale de la presqu'île
de Corée, est le séjour habituel du roi qui est tributaire de l'empereur; *Pekin*, capitale de tout l'empire, est la résidence ordinaire
de l'empereur : son nom signifie cour du nord : elle est divisée
en ville Mantchoue et ville Chinoise; les deux parties forment,
dit-on, une étendue trois fois plus grande que Paris, entourée
d'une muraille épaisse et très-haute : les maisons n'ont qu'un étage
et sont très-propres; les rues sont tirés au cordeau, et un grand
.nombre

nombre ont 120 pieds de large, sur une lieue de long. La police s'y fait d'une manière admirable; Pekin et ses faubourgs comptent deux millions d'habitans; *Nankin*, ancienne capitale de l'empire; son nom signifie cour du midi : elle est située sur la rivière Bleue, vers son embouchure dans la mer Jaune : cette ville est très-grande, mais elle a beaucoup perdu de sa splendeur depuis que la cour n'y réside plus : on y voit une tour revêtue de porcelaine, qui a neuf étages : ce sont les environs de cette ville qui produisent une espèce de coton que l'on ne teint pas et avec lequel on fabrique le nankin; *Lassa*, capitale du grand Thibet, est une petite ville située sur le Sampou; *Ekerdon*, capitale du petit Thibet, se trouve, à ce que l'on croit, sur une des sources de l'Indus; *Qhei-ling*, dans la province de Koan-si, au nord-est de Canton, est renommée pour ses fabriques d'encre; *Canton*, grande ville avec un port très-spacieux, sur la mer de Chine : ce port est le seul qui soit ouvert aux étrangers; toutes les nations de l'Europe y ont des factoreries : le commerce de cette ville est immense, sur-tout pour le thé, dont l'Angleterre seule fait une exportation de plusieurs millions de livres pesant : *Macao*, située dans une petite île, à l'entrée du port de Canton, appartient aux Portugais; cette ville étoit autrefois très-florissante, mais depuis que le commerce avec le Japon a été interdit, Macao est presque nulle.

Dans l'empire du Japon; *Jedo*, située sur une baie, dans l'île de Niphon, la plus grande des îles japonaises : c'est la résidence de l'empereur. Cette ville peut être fort grande, mais on a peine à croire ce qu'en disent les Japonais, puisqu'ils lui donnent 21 lieues de circuit; *Miaco*, au sud-ouest de Jedo, est située dans les terres : c'est la seconde ville de l'empire et la première pour le commerce : on y frappe la monnaie impériale, et le Daïri ou chef de la religion y réside; *Nangasaki*, située sur la côte occidentale de l'île Kiusiu, est la capitale de l'île : elle est

N

remarquable par le commerce qu'elle fait avec les Chinois et les Hollandais.

. Dans la Russie Asiatique ; *Tobolsk* à l'ouest, capitale du gouvernement de ce nom, est située au confluent des rivières de Tobol et d'Irtich : cette ville n'étoit en 1583 qu'un simple fort construit en bois, qui fut brûlé en 1643, et reconstruit avec l'étendue d'une ville que les Russes ont considérablement augmentée par le commerce qu'ils font avec la Chine et avec l'Inde : *Tomsk*, au sud-est de Tobolsk, capitale du gouvernement de même nom, est située sur la rive droite du Tom, un peu au dessus de l'embouchure de cette rivière dans l'Obi ; on y compte 8,000 habitans, et l'on y fabrique des cuirs et des étoffes imprimées : *Jenisseï*, au nord-est de Tomsk, est située sur la rivière de son nom : cette ville se compose de 7 à 800 maisons : excepté les fruits, on y trouve tout ce qu'il faut pour vivre dans l'abondance ; c'est peut-être la cause de la fainéantise et de la débauche des habitans ; *Kolywan*, au sud-ouest de Tomsk, sur l'Obi, est le chef-lieu d'une province de ce nom ; elle renferme 3,000 habitans ; on exploite dans les environs des mines d'argent d'un grand produit ; *Irkoutsk*, au sud-est, capitale du gouvernement de ce nom, est située sur l'Angara à quelques lieues de l'endroit où cette rivière sort du lac Baikal : elle est le siége du gouverneur et de l'archevêque, elle est fortifiée, renferme 1,500 maisons, avec une population de 10,000 habitans, dont la plupart font un grand commerce de pelleteries.

Kiactha, au sud-est d'Irkoutsk, sur la frontière de la Mongolie : cette ville est remarquable en ce qu'elle est l'entrepôt du commerce de la Russie et de la Chine ; les Russes occupent une partie de la ville, l'autre appartient aux Chinois ; *Nertchinsk*, à l'est, sur la rivière d'Onon, est la dernière forteresse des Russes du côté de la Chine : les grands coupables destinés au travail des mines, sont envoyés dans cette ville ; *Jakutsk*, au nord-est, sur le Lena, capitale de la province de son nom, contient 600

maisons assez mauvaises : elle fait un grand commerce de peaux
de zibelines ; *Okhotsk*, à l'est, sur la mer de ce nom, est un
port où les Russes s'embarquent pour le Kamtschatka et l'Amérique ; *Awatscha*, dans la presqu'île de Kamtschatka, sur la
côte orientale, est le lieu principal de la presqu'île : ce fut là que
le Danois Behring s'embarqua pour les côtes d'Amérique en 1740.

Dans la Tatarie ; *Samarcand*, au sud, capitale de la grande
Bucharie, est située sur la rivière de Sogd : elle fut capitale de
l'empire de Tamerlan ; depuis cette époque, cette ville a perdu
beaucoup de sa célébrité : dès le commencement du dernier siècle,
elle n'avoit plus que des murs de terre, et la plupart de ses maisons
étoient construites en terre glaise : on y fabrique du papier de
soie : son territoire produit des pommes, des poires, des prunes,
des raisins et sur-tout des melons délicieux ; *Bokhara*, sur le
Sogd, à l'ouest de Samarcand, fut prise en 1220 par le fameux
Gengis-kan qui l'abandonna au pillage et la fit brûler : elle fut
rebâtie peu de temps après et devint florissante par ses manufactures de toiles et de savon : les désagremens de toute espèce
qu'on fit éprouver, dans la suite, aux étrangers, la firent déchoir
insensiblement ; *Balk*, au sud-est de Samarcand, près du Gihon,
est grande, populeuse, bâtie en pierres et en briques : on y fait
un grand commerce de soieries ; *Badakshan*, sur le Gihon, peu
éloignée du mont Belour, est petite, mais très-peuplée : les mines
d'or et d'argent qui se trouvent dans les montagnes voisines
sont d'un grand profit pour les habitans qui, après la fonte des
neiges, ramassent les paillettes d'or et d'argent que les torrens
entraînent dans leur cours.

§. III. En Afrique.

1.° L'*isthme* de *Suez*, en Égypte, doit son nom à une petite
ville située sur la côte septentrionale de la mer Rouge. Cette
langue de terre, qui joint l'Afrique à l'Asie, a environ cinquante

lieues. L'opinion la plus certaine est que c'est vers le Suez que les Israélites passèrent la mer Rouge à pied sec, à l'endroit de *Kolsum* ou *Clysma.*

2.° Les *golfes* sont ceux de *Cabés*, dans le royaume de Tunis; à son entrée est la petite île de Zerbi, fameuse par le combat naval qui s'y donna, en 1560, entre les Espagnols et les Turcs; de la *Sydre*, anciennement nommé *Syrtis*, près de Tolometa, autrefois Ptolémaïde; il est dans la Méditerranée, comme le précédent, fort dangereux pour les vaisseaux, à cause de son peu de profondeur, de ses rochers et bancs de sables; de *Guinée*, dans l'océan Atlantique, sur les côtes de Guinée; de *Sofala*, dans l'océan oriental, vis-à-vis la côte occidentale de Madagascar.

3.° Le détroit de *Bab-el-Mandeb*, qui sépare l'Afrique de l'Arabie. Ce nom en arabe signifie la *porte du deuil*, parce que les anciens Arabes prenoient le deuil pour ceux qui passoient ce détroit.

4.° Les *lacs* connus sont, le lac que les Arabes appellent *Bahr Dembéa* ou mer de *Dembéa*, dans l'Abissinie. Sa longueur est d'environ trente lieues et sa largeur de douze. Il a plusieurs îles dans lesquelles sont des monastères. C'est dans ses environs que le grand Négus fait sa résidence ordinaire sous des tentes, dans un lieu nommé *Gondar.*

Le *Maravi*, au nord du Monomotapa. On prétend qu'il a une très-grande étendue vers le nord. Son nom vient de Maravi, ville et principal royaume des *Bororos*, voisins des *Mumbos*, pâtres et antropophages.

Le lac de *Cayor*, dans le royaume des *Foules*; il a communication avec le Sénégal, et reçoit les eaux de ce fleuve au temps de l'inondation.

Il en est un en Égypte, aujourd'hui nommé *Lac de Kern*, anciennement *de Caron.* Ce lac communique avec le Nil par un canal. Près de ce lac étoient le fameux labyrinthe et les sépultures des anciens Egyptiens; ce qui a donné lieu aux poètes Grecs de parler de la barque de Caron, qui voituroit les morts dans l'enfer.

5.º Les *caps* sont, le cap *Spartel*, à l'ouest du détroit de Gibraltar; *Bojador*, au sud des Canaries; *Blanc*, au sud du précédent; *Verd*, au sud-est des îles du même nom; des *Palmes*, des *Trois Pointes*, sur la côte de Guinée.

Le cap de *Bonne-Espérance*. On appelle ainsi toute cette grande pointe de terre, en laquelle se termine l'Afrique. Cependant elle se divise en trois têtes. La plus occidentale se nomme simplement *le cap de Bonne-Espérance;* celle du milieu *Cabo Falso* ou *Cap Fourchu;* la troisième, qui est la plus orientale, s'appelle *le cap des Aiguilles.*

Le cap des *Courans*, peu éloigné du tropique du capricorne; *Delgado* sur la côte de Zanguebar; *Guardafui* est la pointe la plus avancée vers l'est; le cap *Bon*, que les Arabes nomment *Ras-Addar*, à l'ouest de la Sicile, dans la Méditerranée.

Les caps *Saint-Sébastien*, au nord; *Saint-Romain*, au sud; *Saint-André*, à l'ouest de l'île de Madagascar.

6.º Les *montagnes* sont, au nord, le *mont Atlas*, qui traverse toute la Barbarie, de l'ouest à l'est. Les montagnes de *Kong*, vers le milieu de l'Afrique, au sud de la Nigritie, ont leur direction de l'ouest à l'est. Les montagnes de la Lune, que Danville place vers le 5.ᵉ degré de latitude septentrionale, et desquelles il fait sortir les sources du Nil. La chaîne de montagnes, que les Cafres nomment *Lapata* ou *l'Épine du Monde*, dans la partie orientale de la Cafrerie pure, s'étend du nord au sud, vers le fleuve Zambèze ou Cuama, à peu de distance du lac Maravi.

La montagne du *pic de Teyde* ou le *pic de Ténériffe*, dans une île de même nom; elle est regardée comme une des plus hautes du monde. Son sommet est 1,904 toises au dessus du niveau de la mer, et se perd dans les nues. On le découvre de quarante lieues en mer, quand le ciel est serein, et il est toujours couvert de neige, quoiqu'il n'en tombe pas ailleurs. Les Hollandais y prennent leur premier méridien.

7.° On ne connoît point de presqu'île dans cette vaste région, si ce n'est elle-même, jointe au continent de l'Asie par l'isthme de Suez, séparée de l'Europe par le détroit de Gibraltar et la Méditerranée.

8.° Les *îles*, dans l'océan Atlantique, vis-à-vis de la côte occidentale, sont, du nord au sud, les îles *Madère* et *Porto Santo;* les *Canaries*, dont les plus connues sont l'île de *Fer*, où passoit le premier méridien fixé par Louis XIII en 1634; l'île de *Ténériffe*, la plus grande, la plus riche et la plus remarquable par le pic du même nom.

Les îles du *cap Verd*, au nord-ouest de la Guinée; celle de *Saint-Thomas*; et les îles voisines, près de l'équateur, au sud-est de la Guinée, vers le Congo. Ces îles, qui appartiennent aux Portugais, leur sont très-importantes, parce qu'elles leur procurent l'entrée des royaumes de Benin et de Congo, où ils font un grand commerce. L'île *Sainte-Hélène*, environ à quatre cents lieues de terre, également éloignée de la Guinée et du cap de Bonne-Espérance.

Sur la côte orientale, l'île de *Madagascar*, la plus grande que l'on connoisse, découverte par les Portugais en 1506. Elle a environ 336 lieues de long sur 120 de large, et l'on croit qu'elle en a 800 de tour.

L'île *Bourbon*, à l'est de Madagascar; les Français s'y établirent en 1657 et en 1672. Les Portugais l'avoient découverte en 1505.

L'île de *France*, au nord de la précédente; les Hollandais y abordèrent les premiers en 1598, et la nommèrent *Maurice*, du nom du prince Maurice, leur stadthouder. Ils l'abandonnèrent en 1712.

Les îles de *Comore*, au nord-ouest de Madagascar, tributaires des Portugais, dans le canal de Moçambique.

L'île de *Socotora*, vis-à-vis le cap Guardafui, sous la domination du roi de Fartach en Arabie, qui n'en est pas éloigné.

9.º Les *fleuves* ou *rivières* sont, le *Nil* qui coule du sud au nord ; après avoir arrosé et fertilisé l'Égypte, il se rend dans la Méditerranée par plusieurs embouchures. Quoiqu'on ait cru, au commencement du siècle dernier, avoir découvert sa source dans le *Gojan*, province d'Abissinie, cependant Danville, célèbre géographe, prétend que l'étude de la géographie ancienne prouve que les géographes anciens ont connu ce fleuve sous le nom particulier d'*Astapus*, et bien distinctement d'un autre plus reculé dans le continent de l'Afrique, et auquel le nom de *Nil* est donné par préférence. Ainsi dans le cas où l'on est d'ignorer encore les vraies sources de ce fleuve ; on n'est pas en droit de rejeter entièrement ce que non seulement Ptolémée, mais encore les géographes orientaux, El-drisi et Abulfeda, rapportent de son origine, jusqu'à ce que d'autres connoissances nous soient acquises. Sur cette autorité, Danville recule les sources de ce fleuve vers le milieu de l'Afrique, et le fait sortir des montagnes de la Lune.

L'Abawi ou Rivière Bleue, que le voyageur anglais Bruce dit être le véritable Nil, prend sa source au lac Dembéa dans l'Abissinie, et se joint au Nil de Danville vers le 16.ᵉ degré de latitude.

Le *Niger*, nommé aussi *Joliba*, prend sa source vers le 9.ᵉ degré de longitude occidentale et vers le 11.ᵉ degré de latitude septentrionale, dans les montagnes de Kong : il coule au nord-est jusqu'au lac Dibbie qu'il traverse et d'où il sort en deux bras, pour courir à l'est, en formant la limite méridionale du Zaara ou grand désert : il finit par se perdre dans les marais de Ouanqarah.

Le *Sénégal* sort d'un petit lac peu éloigné des montagnes de Kong, à 30 lieues ouest de la source du Niger : il coule à l'ouest et vient se joindre à l'océan Atlantique, après un cours de 400 lieues.

La source de la rivière de *Gambie* est à 50 lieues environ à l'ouest de celle du Sénégal ; son cours est tortueux et se termine dans l'océan Atlantique, au sud du cap Verd.

Le *Zaïre* ou *Barbela* paroît sortir du lac Aquilunda, à l'est du Congo : il arrose cette contrée et se jette dans l'océan Atlantique méridional.

Le *Coanza* coule, au sud du royaume d'Angola, dans le Congo méridional, et se rend dans la mer.

Le *Zambèze* ou *Cuama*, dont la source est encore incertaine, environne l'état du Monomotapa vers le nord, et se jette à l'est dans le canal de Moçambique.

Les villes principales sont, dans la Barbarie; *Maroc*, capitale du royaume de ce nom, située à l'ouest dans une plaine fertile : elle est très-grande, environnée de murailles flanquées de tours carrées : on y remarque le palais-royal et plusieurs mosquées : depuis que les souverains ont transféré leur résidence à Mequinez, on ne compte plus à Maroc que 20,000 habitans ; on y fabrique le plus beau maroquin jaune ; *Tafilet*, sur la rivière de même nom, au sud-est de Maroc, fait un grand commerce de cuirs de buffles et de maroquins : on la remarque en ce qu'elle est le lieu du rendez-vous des caravanes qui traversent le désert ; *Mequinez*, au nord de Maroc, dans une plaine délicieuse, est la ville où les gouverneurs apportent au souverain les présens et les tributs des provinces ; *Fez*, à 20 lieues à l'est de Mequinez, capitale d'un royaume de ce nom, est une des plus belles villes de l'Afrique ; on y compte un grand nombre de mosquées ; les maisons sont construites en pierres et en briques enrichies de mosaïques ; les toits sont plats et l'on y couche en été : on trouve à Fez deux colléges où l'on enseigne la grammaire, la poésie, l'astrologie et la jurisprudence ; c'est dans cette ville que se fait le plus beau maroquin rouge ; *Salé*, au nord-ouest de Fez, est citée pour les pirateries qu'exercent ses habitans : elle a un port tellement obstrué par le sable, que les vaisseaux ne peuvent pas y entrer, elle renferme 16,000 habitans ; *Alger*, sur la Méditerranée, capitale du royaume de son nom, est une grande et belle ville, bien peuplée et la plus riche de l'Afrique : les Français la bombardèrent en 1682 et 1683 : on y fait un grand commerce de blé, d'orge, de dattes,

de

de figues, de plumes d'autruche, de velours, de toiles, etc.; ses habitans sont presque tous pirates; *Tunis*, à l'est d'Alger, capitale du royaume de son nom, a un port peu éloigné des ruines de Carthage : cette ville est fortifiée, peuplée et très-commerçante; la bourse et une mosquée située à l'occident, sont deux édifices remarquables; Saint Louis mourut de la peste en 1270, en faisant le siége de cette place; *Tripoli*, au sud-est de Tunis, sur la Méditerranée, capitale d'un état de même nom, est remarquable par ses bains chauds et par son commerce, qui consiste en étoffes, safran, blé, huile, dattes, plumes d'autruche et peaux.

, Dans l'Egypte ; *Alexandrie*, sur la Méditerranée, au nord-ouest du Caire, fut fondée par Alexandre-le-Grand 332 ans avant J. C.; il ne lui reste de son ancienne splendeur qu'une colonne et un obélisque; les Français s'emparèrent de cette ville en 1798, et la rendirent aux Anglo-Turcs en 1800 : Euclide, géomètre célèbre, étoit d'Alexandrie; *Aboukir*, près d'Alexandrie, château fort, devenu célèbre par les combats qui s'y donnèrent en 1798, entre les Français et les Anglais; le *Caire*, capitale de l'Egypte, grande ville située à quelque distance du Nil, à l'est : les rues sont étroites et tortueuses ; les maisons ont plusieurs étages dont le dernier forme une terrasse : on voit dans le château le puits de Joseph, taillé dans le roc, à 280 pieds de profondeur; cette ville renferme un très-grand nombre de mosquées : les différentes caravanes y apportent de l'ivoire, de la poudre d'or, des perroquets, des singes, des étoffes de soie, de coton, des fruits secs, des parfums et du café : le Caire fut assiégé et pris par les Français en 1798 et en 1800; on porte sa population à 300,000 habitans; *Giseh*, vis-à-vis du Caire, est un bourg près duquel se trouvent les fameuses pyramides.

, Dans la Sénégambie; on ne peut citer que quelques établissemens formés par les Français et par les Anglais : les Français en ont un dans l'île Saint-Louis, située à l'embouchure du Sénégal; cet établissement leur fournit de l'ivoire, des cuirs et de la gomme :

les Anglais en ont trois sur la Gambie; un à *Vintain*, un autre
à *Joukakonda*, le troisième à *Pisania*.

Dans la Guinée; *Cristianbourg*, *Cormantin*, sur la côte d'Or
et plusieurs autres établissemens Danois sur la rivière de Volta;
Benin, capitale du royaume de ce nom, n'est qu'un village bâti en
terre; *Loango*, capitale du royaume de même nom; les maisons
de *Saint-Salvador*, dans le Congo, près la rivière du Lunde, ne
sont que des chaumières; le roi fait sa résidence dans cette ville:
les Portugais y ont un établissement; *Saint-Paul de Loanda*, au
royaume d'Angola, *Saint-Philippe d'Anguela*, à l'extrémité
méridionale du royaume de ce nom, sont aussi des établissemens
portugais.

Dans la Nigritie; *Benoaoum*, au royaume de Ludamar, à
l'ouest, a été visitée par Mungo-Park; *Walet*, à l'est, capitale
du royaume de Birou, est, au rapport des voyageurs africains,
très-grande et très-peuplée; son principal commerce se fait en sel;
Sego, au sud-est de cette dernière, est capitale du royaume de
Bambarra: Mungo-Park, qui a vu cette ville, nous apprend qu'elle
est divisée en quatre parties, dont deux sur la rive septentrionale
du Niger et deux sur la rive méridionale: elles sont entourées de
hautes murailles de terre: les maisons sont carrées, bâties en argile
et les toits sont plats: il y a un grand nombre de mosquées; les rues
sont étroites, mais peu embarrassées, les voitures à roues n'étant
pas connues: le roi fait sa résidence dans la partie méridionale de
cette ville à laquelle on donne 30,000 habitans, qui communiquent
entre eux au moyen des canots entretenus sur le Niger, et pour le
service desquels chacun donne une rétribution; *Tomboctou*, au
nord-est, capitale du royaume de ce nom, sur la rive septentrionale
du Niger, est grande, mais construite en bois: on ne voit en
pierre que le palais du roi et une mosquée: les juifs sont en grand
nombre dans cette ville où les marchands de Maroc, de Fez, de
Tunis, de Tripoli, viennent chercher l'or provenant du pays des
Mandingues; on compte 200,000 habitans à Tomboctou; *Haoussa,*

à l'est, capitale du royaume de ce nom, est, d'après ce qu'a pu apprendre Mungo-Park, une ville très-grande, très-riche et très-peuplée.

Agadés, au nord-est, au centre d'une Oasis (1) assez fertile, fait un grand commerce de sel que les habitans vont chercher au lac de Dombou, à l'est, à 45 jours de marche : on recueille dans les environs de cette ville de la manne et du séné; *Bornou*, à l'est, capitale d'un royaume de même nom, est, dit-on, fort grande; *Semegonda*, au sud-ouest, sur le bord oriental d'un lac qui se trouve à l'extrémité du pays marécageux d'Ouanqarah où l'on croit que le Niger se perd.

Dans la Nubie; *Dongolah*, capitale du royaume de même nom sur le Nil : le roi réside dans cette ville dont les rues sont désertes et encombrées de sable; *Sennaar*, au sud, près du Nil, capitale du royaume de ce nom, est une ville très-peuplée : les maisons y sont construites avec un mélange de terre et de paille; elle est le centre du commerce de toute la contrée; on y trouve de très-bons chevaux, des dents d'éléphant, des plumes d'autruche, du tamarin, de la gomme, du musc, de la poudre d'or, etc.; *Qobbeh*, au nord-ouest, est la capitale du Darfour : on y compte 6,000 habitans; les environs de cette ville nourrissent beaucoup de chèvres, de moutons, de bœufs; malheureusement on y trouve aussi une grande quantité de loups, d'hyènes, de léopards et de lions.

Dans l'Abissinie; *Gondar*, capitale, à quelque distance du lac Dembéa, contient 50,000 habitans; les maisons y sont en terre et couvertes en chaume, le toit a la forme d'un cône. Le palais du roi est bâti en pierres et flanqué de tours; *Alata*, au sud-ouest de Gondar, est remarquable par la cataracte qu'y forme l'Abawi, au sortir de lac Dembéa.

Sur la côte d'Ajan; *Auçagurel*, capitale du royaume d'Adel, située sur l'Hawach, à l'endroit où cette rivière se perd dans les

----

(1) Ce mot exprime en grec un canton habitable.

terres ; *Magadoxo*, au sud-est, capitale d'un royaume de ce nom, a un port à l'embouchure de la rivière Magadoxo : cette ville est assez bien fortifiée ; chaque année, des marchands de différens pays se rendent à la grande foire qu'on y tient, et où l'on fait un échange considérable d'or et d'ivoire contre des étoffes de soie et des épices ; *Brava*, au sud de la précédente ; est capitale de la république de ce nom, et tributaire des Portugais qui la brûlèrent en 1506 ; depuis son rétablissement, elle fait un bon commerce d'or, d'argent et d'ambre gris.

Sur la côte de Zanguebar ; *Melinde*, au nord de la rivière de Quilimanci ; cette ville est commerçante, riche et bien peuplée : les Portugais y ont une factorerie ; son commerce consiste en dents d'éléphant, cocos, or, ivoire ; cuivre, vif-argent, étoffes de soie, de coton, épiceries, etc ; *Mombaza*, au sud, dans l'île et sur le golfe de son nom, est riche et peuplée ; le roi de Melinde y réside, sous la dépendance des Portugais ; *Quiloa*, au sud, se divise en deux parties connues sous les noms de vieux et de nouveau Quiloa : le vieux Quiloa, capitale du royaume de ce nom, est situé sur le continent, près la rivière de Cuava ; le roi Maure fait sa résidence dans cette partie : le nouveau Quiloa est situé dans une île, il appartenoit aux Portugais qui l'ont abandonné au roi du pays ; le commerce de cette ville leur fournit abondamment l'or, l'ivoire, le sucre, l'indigo, les bois précieux, etc.; *Moçambique*, au sud, située dans une île du canal de ce nom, est une ville bien fortifiée, dont la possession met tous les petits rois de la côte sous la dépendances des Portugais : c'est un lieu de relâche pour leurs vaisseaux qui vont aux Indes : l'île produit en abondance des oranges, des citrons et des figues : les paturages y sont excellens et les troupeaux nombreux. L'on y remarque des moutons dont la queue est extrêmement grosse, et des pourceaux dont la chair est délicieuse.

Dans le Monomotapa ; *Zimbaoe*, résidence de l'empereur, est une ville très-forte entre Tête et Sena, sur les bords de la rivière Zambeze ; *Tête*, au nord, *Sena*, au sud, sont deux forts portugais; *Chicova*, sur la frontière occidentale, est l'entrepôt de l'or et de l'ivoire que l'on tire du Mocaranga, pays de l'intérieur peu connu; *Sofala*, petite ville sur le bord de la mer, capitale du royaume de ce nom : on y trouve beaucoup d'or et d'ivoire; les Portugais s'en emparèrent en 1586; *Mambone*, capitale du petit royaume de Sabia, sur le canal de Moçambique ; *Tongue*, capitale du royaume d'Inhambane, séparé de la Cafrerie par la rivière Manica.

Dans la Cafrerie; *Litakou*, à 200 lieues environ, au nord-est du Cap de Bonne-Espérance, dans les terres, est, suivant les voyageurs anglais qui l'ont visitée, aussi grande que la ville du Cap ; elle est traversée par une rivière qui, dans le temps des pluies, est fort large : les maisons sont rondes, régulièrement disposées, et au nombre de 2 à 3,000 ; la population est de 15,000 âmes ; le *Cap*, chef-lieu de la colonie Hollandaise, est situé à l'extrémité de la côte occidentale ; cette ville est bâtie en briques ; les rues sont larges et tirées au cordeau, mais elles ne sont point pavées; on y remarque trois ou quatre places, un marché public, une grande esplanade qui sert de place d'armes, et sur-tout un bel hôpital qui peut contenir 6 à 700 malades : on y trouve aussi un jardin botanique, des magasins pour la marine et de belles casernes : cette ville est le lieu de rafraîchissement pour les vaisseaux européens qui vont dans l'Inde.

§. IV. EN AMÉRIQUE.

Dans l'Amérique, que la nature elle-même semble avoir partagée en deux grandes parties, se trouve une langue de terre, ou un isthme, qui les réunit et leur donne communication; l'une est appelée *septentrionale* et l'autre *méridionale*.

1.º Cet *isthme* remarquable est celui de *Panama* ; il a quarante-six lieues dans sa plus grande largeur et quatorze dans sa moindre.

2.º Dans la septentrionale ; les *golfes* sont ceux de *Saint-Lau-*

rent, au nord-est, entre l'île de Terre-Neuve et l'Acadie ; du *Mexique*, dans lequel se jette la rivière de Mississipi ; de *Californie* ou mer *Vermeille*, entre la Californie et la Nouvelle Espagne. La baie d'*Hudson* et celle de *Baffin*, au nord-est ; le golfe de *Honduras*, à l'est ; la baie de *Campêche*, à l'ouest de la presqu'île de Yucatan.

Dans la méridionale ; le golfe de *Panama*, au sud de l'isthme de même nom.

3.º Les *détroits* sont, dans la septentrionale, ceux de *Behring* entre l'Asie et l'Amérique ; de *Davis*, à l'entrée de la baie de ce nom ; de *Belle-Isle* entre la nouvelle Bretagne et l'île de Terre Neuve.

Dans la méridionale ; de *Magellan* entre la Terre Magellanique et la Terre de Feu ; de *Le Maire* entre la Terre de Feu et l'île des États.

4.º Dans la septentrionale, au nord, sont cinq grands lacs : le *Supérieur*, le *Michigan*, le *Huron*, l'*Erié* et l'*Ontario*. Ces lacs se rendent les uns dans les autres, et ensuite dans le fleuve Saint-Laurent. L'Erié se décharge dans l'Ontario, après avoir fait une nappe d'eau qui tombe d'une très-grande hauteur ; c'est ce que l'on appelle le *Saut de Niagara*.

5.º Dans la septentrionale sont, les *caps Forewell* ou d'*Adieu* à la pointe sud-est du Groënland ; *Breton*, à la pointe de l'île Royale ; de *la Floride* dans le golfe du Mexique ; *Saint-Lucar*, qui est la pointe méridionale de Californie la plus avancée au sud ; *Corientes* ou des *Courans*, sur la côte occidentale du Mexique ; *Bonavista*, à la pointe septentrionale de l'île de Terre-Neuve ; de *Raye*, à la pointe occidentale.

Dans la méridionale ; *Saint-Augustin*, nommé d'abord cap de *Consolation*, sur la côte du Brésil ; *Horn*, à la pointe sud de la Terre de Feu.

6.º Dans la septentrionale ; les montagnes sont, les *Andes* du nord, qui traversent la Nouvelle Espagne, et que l'on peut considérer comme la suite de l'immense chaîne qui s'étend le long de la côte occidentale de l'Amérique méridionale ; les *Montagnes Pierreuses*, qui se joignent aux Andes vers le Nouveau Mexique, et se prolongent jusque dans le voisinage de l'océan Arctique ; les *Apalaches* et les *Alligani*, qui s'étendent du sud à l'est, et au nord de l'*Ohio* ou *Belle-Rivière*, dans les États-Unis.

Dans la méridionale ; la *Cordillère* ou les *Andes*, dans le Pérou et le Chili. Cette chaîne commence à l'isthme de *Panama* et finit quinze cents lieues plus loin au détroit de Magellan ; le *Mato Groso*, qui du Paraguay s'étend dans le Brésil, du sud au nord. Les *Cordillères du Brésil* forment une chaîne qui traverse toute la partie septentrionale de cette vaste région, et se prolonge ensuite vers la partie orientale.

7.° Dans la septentrionale ; les *presqu'îles* sont, l'Acadie, partie de la Nouvelle Écosse, située au sud de la baie Française ; la *Floride*, à l'ouest de la Caroline, et qui s'avance jusqu'au canal de Bahama ; l'*Yucatan*, dans le golfe du Mexique ; elle est riche en mines d'or et d'argent, et si fertile en grains, qu'on y fait la moisson deux fois l'année.

Alaska, reconnue par le capitaine Cook, en 1778, vers le 165.° degré de longitude occidentale et le 55.° de latitude ; la *Californie*, qui se détache des côtes septentrionales de l'Amérique, et s'avance vers le sud-est jusqu'au-delà du tropique du Cancer, entre l'océan Boréal qui la baigne à l'ouest, et la mer Vermeille qui, à l'est, la sépare du Nouveau Mexique.

8.° Dans la septentrionale ; les *îles* sont, l'île de *Terre-Neuve*, nommée anciennement *Terre de Baccalaos*, qui signifie *morues*, parce qu'en effet on en pêche beaucoup aux environs. Au sud-ouest de Terre-Neuve et près de ses côtes, se trouvent les petites îles de *Saint-Pierre* et de *Miquelon* ; l'île *Royale* ou du cap *Breton* ; l'île de *Saint-Jean*, séparée de la côte du Canada par un canal de quatre à cinq lieues de large. *Anticosti*, nom qui a prévalu sur celui de l'*île de l'Assomption*, partage en deux l'embouchure du fleuve Saint-Laurent. Du nord au sud, les *Bermudes*, au nombre de quatre principales, dont la plus considérable est nommée *Bermude*. Les *Lucayes*, à l'est du canal de Bahama, dont les principales sont *Bahama*, la *Providence* et *Guanahani* ou *Saint Sauveur*. Les *Antilles*, distinguées en grandes et petites; ce nom leur vient de ce qu'on les rencontre avant d'aborder à la Terre Ferme; les quatre grandes, situées à l'entrée du golfe de Mexique, sont *Cuba*, la *Jamaïque*, *Saint-Domingue* et *Porto-Rico*.

Les petites sont aussi nommées *Caraïbes* ou *Cannibales*, du nom des peuples qui les habitèrent autrefois. On les distingue en îles de *Barlo-vento*, ou d'au dessus du vent, et en îles *Soto-vento*, ou d'au dessous du vent.

Les *Açores* ou *Tercères*, sur la route d'Europe en Amérique vers l'Afrique. Elles sont nommées Açores, du mot qui signifie *épervier;* à cause du grand nombre de ces oiseaux qui s'y trouvent; Tercères du nom de la principale; elles sont au nombre de neuf.

Dans la méridionale; l'île de *Fernando Noronha*, à deux cents lieues à l'est du Brésil; les îles de *Falkland* ou *Malouines*, à l'est du détroit de Magellan.

Dans l'océan Pacifique; les îles *Gallapagos* ou des *Tortues*, au sud-ouest du golfe de Panama, ainsi nommées parce qu'on y trouve beaucoup de tortues. Elles sont inhabitées, mais fort commodes pour les vaisseaux, qui peuvent s'y rafraîchir.

9.° Dans la septentrionale, les fleuves ou rivières sont, le *Missisipi*, qui prend sa source dans le Canada à 80 lieues, ouest du lac Supérieur : il sépare la Louisiane des États-Unis et se jette dans le golfe du Mexique; après un cours de 1,500 lieues, en comprenant les détours qu'il fait vers l'ouest; ce fleuve déborde périodiquement, comme le Nil; le fleuve *Saint-Laurent*, qui sort du lac Ontario, passe près de Montréal, à Quebec, et se rend dans l'océan Atlantique Boréal par une embouchure qui à 30 lieues de large; le *Missouri*, dont le cours a été nouvellement reconnu par des

officiers

officiers anglais, est formé par la réunion des rivières *Jefferson*, *Madisson* et *Gallatin*, qui toutes trois prennent leur source dans les montagnes Pierreuses ; cette rivière se joint au Mississipi au dessous du fort Saint-Louis, par les 38 degrés de latitude.

Dans la méridionale ; la *rivière des Amazones* prend sa source au nord d'Arequipa, à l'ouest du lac Titicaca, par 16 degrés 30 minutes de latitude méridionale et 75 degrés environ de longitude occidentale ; elle traverse de l'ouest à l'est toute cette région, et, après un cours d'environ 1200 lieues, elle se jette dans la mer sous l'équateur ; la *rivière de la Plata* est formée du concours du *Paraguay*, du *Pilcomayo*, du *Parana* et de l'*Uruguay* : elle se rend dans l'océan Atlantique austral, au nord de Buénos-Ayres ; l'*Orénoque*, dont la source est incertaine, environne une partie de la Guïane espagnole et se jette dans l'océan Atlantique boréal par plusieurs embouchures.

10. Dans la septentrionale ; les villes principales sont, *Québec*, capitale du Canada, sur le fleuve Saint-Laurent.

Boston, capitale de la province de Massachuset ; *Philadelphie*, capitale de la Pensylvanie ; *Washington*, ville nouvelle, dont la fondation date de 1792 : elle étoit déjà florissante et embellie d'édifices publics, lorsqu'en 1814, les Anglais s'en emparèrent et la détruisirent en partie.

Nouvelle Orléans, capitale de la Lousiane ; *Mexico*, du Mexique ou Nouvelle Espagne ; *Santa-Fé*, du Nouveau Mexique. Les Espagnols ont fait, depuis plusieurs années, quelques établissemens dans la Californie ; mais ils sont encore peu considérables.

Dans la méridionale ; *Panama*, capitale de la province, dans l'isthme de Panama ou de Darien ; *Carthagène*, port et capitale de la province de même nom, dans la Terre-Ferme ; *Saint-Thomas*, de la Guïane Espagnole ; *Paramaribo*, de la Guïane Hollandaise ; *Cayenne*, dans une île, sur la pointe du nord-ouest de l'île, capitale de la Guïane Française.

P

Lima, capitale du Pérou ; *San-Jago*, du Chili.

Dans le pays des Amazones, les lieux les plus remarquables que l'on rencontre sur les bords de la rivière, depuis sa source jusqu'à son embouchure, ne sont que des villages et des hameaux.

San-Salvador, port et capitale du Brésil. *Buénos-Ayres*, à l'embouchure de la Plata, capitale du Paraguay.

Les nations Européennes n'ont point d'établissemens dans la Terre Magellanique.

CHAPITRE DOUZIÈME.

Du Royaume de FRANCE.

LA France, nommée autrefois *Gaule*, tire son nom des Francs, peuple d'Allemagne, qui s'y établirent dans le V.e siècle ; cette Gaule faisoit partie de l'empire Romain d'Occident. Avantageusement placée dans une zone tempérée, elle s'étend entre le 7.e degré de longitude à l'ouest, et le 5.e degré 40 minutes à l'est du méridien de Paris, depuis Brest, dans le département du Finistère, jusqu'à Strasbourg, dans le département du Bas-Rhin ; et entre le 42.e degré de latitude septentrionale et le 51.e, depuis Mont-Louis, dans le département des Pyrénées orientales, jusqu'à Dunkerque, dans le département du Nord.

Elle est bornée, au nord, par la Manche et les Pays-Bas ; par l'Océan à l'ouest ; à l'est par l'Allemagne, la Suisse, le royaume de Sardaigne, dont elle est séparée par les Alpes ; au sud, par le Méditerranée et les Monts Pyrénées, qui servent de limites entre elle et l'Espagne. Renfermant dans son sein une population immense, riche par son sol et par l'industrie de ses habitans, elle fournit abondamment toutes les choses nécessaires et agréables à la vie.

On remarque en France quatre principaux fleuves :

1.º La *Seine*, qui a sa source près de Saint-Seine, dans le département de la Côte-d'Or, traverse les départemens de l'Aube, de Seine et Marne, de la Seine, de Seine et Oise, de la Seine Inférieure, et se rend dans la Manche au Hâvre de Grâce : elle arrose Troyes, Melun, Paris et Rouen.

2.º La *Loire*, sortant du mont Gerbier, dans le département de l'Ardèche, coule dans les départemens de la Haute Loire, de la Loire ; sépare le département de l'Allier du département de Saône et Loire, le département du Cher du département de la Nièvre ; traverse la partie méridionale du département du Loiret, les départemens du Loir et Cher, d'Indre et Loire, de Maine et Loire, et de la Loire Inférieure où elle se rend dans l'Océan : elle passe à Roanne, Nevers, Orléans, Blois, Tours, Saumur, Nantes et Paimbœuf.

3.º Le *Rhône* prend sa source au Mont de la Fourche, près du Saint-Gothard, haute montagne de la Suisse ; traverse le Valais, le lac de Genève ; cotoie une partie de la Savoie, coule entre les départemens de l'Ain et de l'Isère de l'est à l'ouest, entre ceux de l'Ardèche et de la Drôme du nord au sud ; sépare le département du Gard de celui de Vaucluse, et se joint à la Méditerranée, par plusieurs embouchures, dans le département des Bouches du Rhône : il a sur ses bords Lyon, Vienne, Valence, Avignon, Baucaire, Tarascon et Arles.

4.º La *Garonne*, appelée *Gironde* depuis sa jonction avec la *Dordogne* au Bec-d'Ambez jusqu'à son embouchure dans l'Océan, tire ses eaux du val d'Aran dans les Pyrénées ; elle arrose les départemens de la Haute Garonne, du Tarn et Garonne, du Lot et Garonne, de la Gironde, et tombe dans la mer vis-à-vis la tour de Cordouan : elle passe à Toulouse, à Agen, à la Réole et à Bordeaux.

Pendant long-temps ce royaume a été divisé en 32 gouvernemens ou provinces ; mais la révolution, survenue en 1789, a fait

disparoître les noms de provinces, de généralités, pour y substituer une nouvelle division, qui consiste dans un nombre de
départemens, c'est-à-dire, dans une répartition de terrain égale
en étendue et en population, autant que les localités l'ont pu
permettre. On compte aujourd'hui 87 départemens en France.

Pour mieux les faire connoître, je joins à leur nomenclature
géographique celle des anciennes provinces et des différentes parties de ces provinces dont ils sont composés, en indiquant la
source, le cours, l'embouchure de chaque rivière, etc. etc.

DÉPARTEMENS.

Ain, rivière de la Franche-Comté, tire sa source du mont
Jura ; coulant du nord au sud, elle entre dans la Bresse qu'elle
sépare du Bugey, et, après avoir passé au pont d'Ain, elle se
jette dans le Rhône à cinq lieues à l'est de Lyon. Son département comprend la Bresse, le Bugey, le Valromey, et la principauté de Dombes. Chef-lieu, Bourg.

Aisne a sa source aux frontières du Barrois, passe à Sainte-
Ménéhould, traverse toute la haute Champagne, arrose Rhetel,
Château-Porcien, Neuchâtel, Soissons, et se joint à l'Oise au
dessus de Compiègne. Son département est l'un des six que forment le Soissonnais, le Beauvaisis et le Vexin-Français. Chef-
lieu, Laon.

Allier sort des Cévennes, montagnes qui s'étendent depuis les
environs de la source de la Loire jusqu'à Lodève dans le département de l'Hérault : il passe à Brioude en Auvergne qu'il traverse
du sud au nord, laisse Issoire sur sa gauche, gagne le Bourbonnais où il arrose Vichi, célèbre par ses eaux minérales, Moulins,
et va se joindre à la Loire à une lieue à l'ouest de Nevers. Son
département est formé du Bourbonnais. Chef-lieu, Moulins.

Ardéche, petite rivière du Vivarais, prend sa source dans les
Cévennes, passe près d'Aubenas, et se perd dans le Rhône au

nord du Pont-Saint-Esprit. Ce département est formé d'une partie
du Languedoc et du Vivarais. Chef-lieu, Privas.

Arriège (1) part des Pyrénées ; coule, du sud au nord, dans
le comté de Foix où elle arrose Tarascon , Foix, Pamiers ,
et se perd dans la Garonne , à une lieue au dessus de Toulouse.
Son département renferme le Couserans en Gascogne, le comté
de Foix et une partie du Languedoc. Chef-lieu , Foix.

Aube prend sa source au sud-est, aux confins de la Champagne
et de la Bourgogne, au village d'Auberive ; passe à Bar , à Arcis,
et gagne la Seine au dessous d'Anglure sur les confins de la Brie.
Elle donne son nom à l'un des départemens que forme la Champagne. Chef-lieu, Troyes.

Aude , rivière du bas Languedoc, tire sa source des montagnes
du Roussillon ; coulant du sud au nord , elle arrose Alet, Limoux,
Carcassonne ; avant son arrivée à Narbonne , elle se partage en
deux bras ; celui qui va à la gauche est son vrai lit et débouche
dans la Méditerranée ; celui de droite est un canal nommé la
Robine , qui passe par Narbonne et tombe , deux lieues plus bas,
dans la même mer, par l'étang de Bages ou de Sijean , ainsi
nommé à cause du bourg qui en est peu éloigné. Son département est un des sept que forment le Languedoc , le Cominges, etc.
Chef-lieu, Carcassonne.

Aveyron sort des montagnes du Rouergue qu'il traverse, passe
à Rodez, à Villefranche , et va se joindre au Tarn à deux lieues
au dessous de Montauban. Son département est formé du Rouergue.
Chef-lieu, Rodez.

Alpes (Basses). Ce département est un des quatre que forment
la Provence , le territoire d'Avignon et le comtat Venaissin. Chef-
lieu , Digne.

Alpes (Hautes) , dont le département fait partie du Dauphiné
qui en contient trois. Chef-lieu , Gap.

_____

(1) Cette rivière est célèbre par l'or qu'elle roule avec son sable ; c'est ce qui
lui a fait donner le nom d'*Aurigera.*

Ardennes, grande forêt qui donne son nom à un département de Champagne. Chef-lieu, Mézières.

Bouches du Rhône, un des quatre départemens que forment la Provence, le territoire d'Avignon et le comtat Venaissin. Chef-lieu, Marseille.

Calvados, un des cinq formés par la Normandie et la partie septentrionale du Perche. Chef-lieu, Caen. Ce département prend son nom d'un rocher qui borde la mer dans une étendue de quatre à cinq lieues au nord de Bayeux; nom qui lui vient d'un vaisseau espagnol qui s'y perdit.

Cantal, haute montagne de l'Auvergne, presque toujours couverte de neige, donne son nom à un des trois départemens que forment l'Auvergne et le Velai. Chef-lieu, Aurillac.

Charente, tire sa source des confins de l'Angoumois et du Limosin; elle va arroser Sivrai dans le Poitou, puis, en descendant, traverse l'Angoumois, coule au pied de la montagne sur laquelle s'élève Angoulême, baigne Jarnac, Cognac; entre dans la Saintonge qu'elle divise en haute vers le sud et en basse vers le nord, et enfin arrive à Saintes, pour aller se perdre dans l'Océan près Rochefort. Elle donne son nom à un département formé de l'Angoumois et d'une partie de la Saintonge. Chef-lieu, Angoulême.

Charente-Inférieure. Ce département est composé de l'Aunis et d'une partie de la Saintonge. Chef-lieu, la Rochelle.

Cher sort de la Basse Auvergne, au nord-ouest, passe à Evaux en Combrailles, entre dans le Bourbonnais où il arrose Montluçon, Saint-Amand, gagne le Berri, passe à Châteauneuf, traverse la Touraine et s'unit à la Loire au dessus de l'Indre. Ce département est un de ceux que forme le Berri. Chef-lieu, Bourges.

Corrèze, petite rivière dont la source est dans le Limosin, passe à Tulle, à Brives, et à deux lieues au dessous elle se mêle avec la Vézère qui se perd dans la Dordogne à Limeil. Elle donne son nom à un des départemens que forment le haut et bas Limosin. Chef-lieu, Tulle.

Corse est formé par l'île de ce nom : elle est dans la Méditerranée, à 40 lieues environ au sud-est des côtes du département du Var ; on lui donne 45 lieues de long. Chef-lieu, Ajaccio.

Côte-d'Or emprunte son nom d'une chaîne de petites montagnes de Bourgogne, qui s'étendent depuis Dijon, par Nuits, Beaune et Châlons, jusqu'à Mâcon ; chaîne ainsi surnommée à cause de l'excellence de son vin. Ce département est le second de quatre formés par la Bourgogne, l'Auxerrois, etc. Chef-lieu, Dijon.

Côtes-du-Nord, un des cinq départemens formés par la Bretagne. Chef-lieu, Saint-Brieux.

Creuse prend sa source dans la haute Marche, passe à Aubusson, à la Celle-Dunoise, baigne Argenton, le Blanc dans le Berri, la Roche-Posay en Touraine, et se joint à la Vienne quelques lieues au dessous de la Haye. Ce département est un des trois que forment la Marche, le Dorat, le haut et bas Limosin. Chef-lieu, Gueret.

Dordogne a sa source au Mont-d'Or en Auvergne, à l'est d'Issoire ; séparant l'Auvergne du Limosin, elle passe à Brivezac, arrose Bergerac en Périgord, Fronsac dans la Guïenne propre, et se joint à la Garonne près de Bourg sur Gironde au Bec-d'Ambez, où elle prend le nom de Gironde jusqu'à la mer. Ce département est un de ceux que forme le Périgord. Chef-lieu, Périgueux.

Doubs, rivière de Franche-Comté, sort du Mont-Jura ; cotoyant, vers le nord-est, la chaîne de cette montagne qui sépare la Franche-Comté de la Suisse, il passe à Pontarlier, à Besançon, à Dôle et se joint à la Saône près de Verdun dans le Châlonais. Il donne son nom à un des trois départemens que forme la Franche-Comté. Chef-lieu, Besançon.

Drôme, rivière du Dauphiné, prend sa source dans la vallée de Drôme, près de Serres, d'où coulant par le lac du Luc, elle passe à Die, à Crest et gagne le Rhône à Livron, cinq lieues au sud de

Valence. Elle donne son nom à un des trois départemens que forme cette ancienne province. Chef-lieu, Valence.

Eure, rivière de Normandie, sort du Perche, ainsi nommé d'une grande forêt anciennement appelé *Perticus saltus*, connue aujourd'hui sous le nom de forêt de Logny ; elle passe à Chartres, à Maintenon, à Nogent-le-Roi, et, après avoir reçu l'Iton au dessous de Louviers, se rend dans la Seine, près du Pont-de-l'Arche. C'est un des cinq départemens que forment la Normandie et la partie septentrionale du Perche. Chef-lieu, Evreux.

Eure et *Loir*. Celui-ci commence dans la Perche aux étangs de la ci-devant abbaye du Loir ; coulant du nord au sud, il passe à Illiers, à Bonneval, à Châteaudun, à Vendôme, à la Flèche, à Duretal, et se joint à la Sarthe au dessus d'Angers. Ces deux rivières donnent leur nom au département formé du pays Chartrain. Chef-lieu, Chartres.

Finistère, cap ainsi nommé par les anciens, parce qu'ils le regardoient comme l'extrémité du monde ; il est en effet le plus occidental de l'Europe. C'est un des cinq départemens que forme la Bretagne. Chef-lieu, Quimper.

Gard ou *Gardon*, rivière du Languedoc, prend sa source dans les Cévennes, passe à Alès, et se jette dans le Rhône entre Avignon et Beaucaire. Ce département est formé de la partie orientale du Languedoc. Chef-lieu, Nismes. Au nord de cette ville, est le pont du Gard, ouvrage des Romains. Ce pont, qui joint deux montagnes, a trois étages l'un sur l'autre. Le premier avoit six arches, le second douze ; le troisième, qui étoit un aqueduc, en avoit trente-cinq ; on passoit sur le second. Quoique assez bien conservé, ce pont n'est plus d'aucun usage.

Garonne (*Haute*). Ce département est ainsi désigné, parce qu'il avoisine la source de ce fleuve. Il occupe la partie occidentale du Languedoc. Chef-lieu, Toulouse.

Gers, rivière de Gascogne, a sa source aux confins de cette province ; coulant du sud au nord, elle traverse l'Armagnac, passe

à

à Auch, à Fleurance, près de Lectoure, et se rend dans la Garonne à deux lieues au dessus d'Agen. Ce département est l'un des quatre formés par la Guïenne. Chef-lieu, Auch.

Gironde. Ainsi est nommée la Garonne depuis sa jonction avec la Dordogne. Ce département est l'un des quatre que forme la Guïenne. Chef-lieu, Bordeaux.

Hérault, rivière du Languedoc, a sa source dans les Cévennes aux confins du Gevaudan; coulant vers le sud, elle passe à Pezenas, et se perd dans le golfe de Lyon près de la ville d'Agde, à peu de distance du canal de Languedoc. Ce département comprend la partie sud-est du Languedoc. Chef-lieu, Montpellier.

Ille et *Vilaine*, rivières de Bretagne; la première, qui est petite, se joint à la Vilaine près de Rennes. Celle-ci sort du Maine près d'Ernée, et prenant son cours du nord au sud, elle entre en Bretagne, passe à Vitré, à Rennes, à Redon, à la Roche-Bernard, et se rend dans l'Océan vis-à-vis Belle-Isle. L'une et l'autre donnent leur nom à un des cinq départemens que fournit la Bretagne. Chef-lieu, Rennes.

Indre a sa source vers les confins du Berri au sud, passe à la Châtre, à Château-Roux, à Buzançois; puis, entrant dans la Touraine, il arrose Châtillon, Loches, Montbazon, et va se joindre à la Loire entre le Cher et la Vienne. Ce département est le second des deux formés par le Berri. Chef-lieu, Château-Roux.

Indre et *Loire*. Ces deux rivières donnent leur nom au département formé par la Touraine. Chef-lieu, Tours.

Isère, rivière très-rapide, prend sa source au mont Iseran, dans la Tarentaise en Savoie, où elle arrose Moutiers et Montmélian; entrant ensuite en France par le Dauphiné, elle passe à Grenoble, à Romans, et se jette dans le Rhône à peu de distance de Tournon en Vivarais. Ce département est un des trois formés par le Dauphiné. Chef-lieu, Grenoble.

Jura, haute montagne dont parle César, sépare la Franche-Comté de la Suisse, se prolonge ensuite dans le Bugey, et se

Q

termine au grand coude que fait le Rhône dans l'évêché de Belley. Ce département méridional de la Franche-Comté est un des trois que forme cette ancienne province. Chef-lieu, Lons-le-Saulnier.

Landes de Bordeaux, vers la mer, pays de sable et de bruyères, donnent le nom à l'un des quatre départemens que compose la Guïenne. Chef-lieu, Mont-de-Marsan.

Loir et *Cher*. Ce département occupe la partie sud-ouest de l'Orléanais. Chef-lieu, Blois.

Loire. Son cours a été décrit précédemment. Ce département est composé du Forez. Chef-lieu, Montbrison.

Loire (Haute). Son département est formé du Velai en Languedoc, d'une partie de l'Auvergne, de quelques communes du Gévaudan et du Vivarais. Chef-lieu, le Puy.

Loire-Inférieure. Ce département, un des cinq formés par la Bretagne, est voisin de l'embouchure. Chef-lieu, Nantes.

Loiret, petite rivière de l'Orléanais, a sa source au dessus d'Olivet à une lieue d'Orléans, au bas d'une côte. Quoiqu'elle n'ait pas plus de deux lieues de cours, elle porte bateau, et se perd dans la Loire, à une lieue et demie au dessous d'Orléans. Son département est un de ceux que forment l'Orléanais, le Gatinais, etc. Chef-lieu, Orléans.

Lot sort des Cévennes. Il arrose Mende dans le Gévaudan, traverse, de l'est à l'ouest, le Rouergue, la Guïenne; dans son cours, il passe à Cahors, à Clérac, et tombe dans la Garonne près d'Aiguillon. Son département se forme d'une partie du Querci. Chef-lieu, Cahors.

Lot et *Garonne*. Ces deux rivières donnent leur nom à un des quatre départemens formés par la Guïenne, l'Agénois, etc. Chef-lieu, Agen sur la Garonne.

Lozère, haute montagne du Languedoc et du Gévaudan, aux confins du Vivarais et du bas Languedoc, dans les Cévennes, dont elle fait partie, entre Mende et Usès. Ce département occupe la partie nord-ouest du bas Languedoc; il est un des sept formés par le Languedoc, le Gévaudan, etc. Chef-lieu, Mende.

Maine (ou *Mayenne*) et *Loire*. La première prend sa source aux confins du Maine et de la Normandie; elle arrose Mayenne, Laval, Château-Gontier en Anjou, et Angers, au dessus de laquelle elle se rend dans la Loire. Ce département est formé de l'Anjou et de la partie la plus occidentale de la Touraine. Chef-lieu, Angers.

Manche est la partie de la Méditerranée resserrée entre l'Angleterre et la France; elle donne son nom au département qui occupe la partie occidentale de la Normandie; il est un des cinq formés par cette province et la partie septentrionale du Perche. Chef-lieu, Saint-Lô.

Marne, dont la source est à une lieue au sud de Langres en Champagne, passe à Chaumont, à Joinville, à Vitri-le-Français, à Châlons, à Epernai, à Château-Thierry, à la Ferté-sous-Jouarre, à Meaux, et va se joindre à la Seine à Conflans près de Charenton, une lieue au dessus de Paris. Son département est un des quatre que forme la Champagne. Chef-lieu, Châlons sur Marne.

Marne (*Haute*), vers la source. Son département est un des quatre de la Champagne. Chef-lieu, Chaumont en Bassigni, au nord de Langres.

Mayenne, la même que celle dont le cours est décrit sous le nom de *Maine*. Ce département est un des quatre que forment le Maine et l'Anjou. Chef-lieu, Laval dans le bas Maine.

Meurthe, rivière de Lorraine, sort des montagnes des Vosges aux frontières de la haute Alsace, arrose Saint-Diez, ainsi nommé à cause de ses mines d'argent, coule près de Nanci, et se rend dans la Moselle, trois lieues au sud de Pont-à-Mousson. Ce département est un de ceux que forment la Lorraine, les Trois Evêchés, Metz, Toul et Verdun, etc. Chef-lieu, Nanci.

Meuse prend sa source près des villages de Meuse et de Montigni, sur les confins de la Champagne et de la Lorraine ; elle passe à Vaucouleurs, à St.-Mihiel, à Verdun, à Sedan, à Mézières, à Charleville ; de là gagnant les Pays-Bas, elle arrose Namur, Liège, Maestrick, traverse la Gueldre, forme avec le Rhin l'île de Bommel, et se jette dans la mer au dessous de Dort ou Dordrecht. Ce département, formé de la partie occidentale de la Lorraine, est un des quatre que donnent la Lorraine, les Trois Evêchés et le Barrois. Chef-lieu, Bar sur Ornain.

Morbihan, petit golfe au sud de Vannes, par lequel la marée monte jusqu'à cette ville. C'est un des sept départemens formés de la Bretagne. Chef-lieu, Vannes.

Moselle, rivière de Lorraine, a sa source au mont des Faucilles, dans les montagnes des Vosges ; elle passe à Rémiremont, à Chaté, à Charmes, à Toul, à Pont-à-Mousson, à Metz, à Thionville, et sortant de la frontière, elle va à Trèves dans le Bas-Rhin, et tombe dans le fleuve à Coblentz. Ce département est un de ceux que forment la Lorraine, les Trois Evêchés, etc. Chef-lieu, Metz.

Nièvre, petite rivière qui, à ce que l'on croit, a donné son nom à la ville de Nevers, et qui, près d'elle, se rend dans la Loire ; c'est le seul département que forme le Nivernois. Chef-lieu, Nevers.

Nord, nom donné au département le plus septentrional de la France ; il renferme la Flandre Française, le Hainaut et le Cambresis. Chef-lieu, Lille.

Oise a sa source sur les frontières du Hainaut, dans un endroit appelé le *Fourneau de Sologne :* elle passe à Guise, à la Fère, près de Noyon, à Compiègne, au dessus de laquelle elle reçoit l'Aisne ; de là à Creil, à Beaumont, à Pontoise, et se décharge dans la Seine à Conflans-Sainte-Honorine, au dessous de Pontoise. Ce département, formé de la partie septentrionale de l'Isle de France, est un des six que renferment l'Isle de France, le Soissonnais, le Beauvoisis, la Picardie, etc. Chef-lieu, Beauvais.

Orne, petite rivière de Normandie, a sa source près de Seez qu'elle arrose, passe à Argentan, à Caen, et se perd dans la Manche, à trois lieues au nord de cette ville. C'est un des cinq départemens que forment la Normandie et la partie septentrionale du Perche. Chef-lieu, Alençon.

Pas-de-Calais, détroit qui sépare la France de l'Angleterre. Ce département est un des trois formés par l'Artois, le Calaisis, le Boulonnais et la Picardie. Chef-lieu, Arras.

Puy-de-Dôme, haute montagne de l'Auvergne dans la Limagne; c'est-là que Pascal fit ses expériences sur la pesanteur de l'air. Elle a 817 toises d'élévation au dessus de la mer. Ce département est un des trois formés par l'Auvergne et le Velai. Chef-lieu, Clermont.

Pyrénées, chaîne de montagnes qui séparent la France de l'Espagne, se divisent en basses, hautes et orientales; les basses vers l'Océan, les hautes dans les terres, les orientales vers la Méditerranée.

Les *Basses* comprennent le Béarn et la Navarre. Chef-lieu, Pau.

Les *Hautes*, le Bigorre et les quatre vallées. Chef-lieu, Tarbes.

Les *Orientales*, le Roussillon et la Cerdagne. Chef-lieu, Perpignan.

Rhin (1) (*Bas*), comprend la basse Alsace et partie du Palatinat. Chef-lieu, Strasbourg.

Rhin (*Haut*), renferme la Haute Alsace, le comté de Montbéliard et la république de Mulhausen, réunis à la France. Chef-lieu, Colmar.

Rhône. (2) Son département se forme du Lyonnais et du Beaujolais. Chef-lieu, Lyon.

_____

(1) Son cours a été décrit page 85.

(2) Son cours a été décrit page 115.

Saône (Haute), rivière de Bourgogne, prend sa source au sud de la Lorraine au dessus de Darney dans les Vosges ; traverse, au nord-ouest, une partie de la Franche-Comté ; passe à Gray, gagne la Bourgogne, du nord au sud, où elle baigne Auxonne, Châlons, Mâcon, Trévoux, et vient se jeter dans le Rhône à Lyon. Son département, qui occupe le baillage d'Amont, est un des trois que forme la Franche-Comté. Chef-lieu, Vesoul.

Saône et *Loire* comprend la partie méridionale de la Bourgogne. Chef-lieu, Mâcon.

Sarthe sort d'un lieu nommé *Somme-Sarthe*, sur les confins du Perche, à deux lieues au nord de Mortagne, passe à Alençon, à Frenay, au Mans, à la Suze, à Sablé ; puis entrant dans l'Anjou, elle arrose Château-Neuf, reçoit le Loir, et peu au dessus d'An-gers, s'unit à la Mayenne, où elle perd son nom, quoiqu'aussi grosse qu'elle. Son département est un des quatre que forment le Maine et l'Anjou. Chef-lieu, le Mans.

Seine. Son cours est décrit précédemment. Son département se renferme dans la banlieue de Paris. Chef-lieu, Paris.

Seine-Inférieure. Son département est un des cinq formés par la Normandie et la partie septentrionale du Perche. Chef-lieu, Rouen.

Seine et *Marne*. Ce département est un de ceux que forment la Brie et le Gâtinais. Chef-lieu, Melun.

Seine et *Oise*, département formé d'une partie de l'Isle de France. Chef-lieu, Versailles.

Sèvres (Deux), l'une appelée *Niortaise*, a sa source à trois lieues au dessus de St.-Maixent qu'elle arrose, en Poitou ; elle commence à être navigable à Niort, et séparant le Poitou de l'Aunis, elle va se perdre dans l'Océan après avoir passé à Marans : l'autre nommée *Nantaise*, sortant aussi du Poitou, passe à Mor-tagne, se rend dans la Loire à Nantes. Elles donnent leur nom à un département formé d'une grande partie du Poitou et de la Saintonge. Chef-lieu, Niort.

Somme, rivière de Picardie, a sa source dans une ancienne abbaye de Bénédictins, dans le Vermandois, à deux lieues nord-est de St.-Quentin. Cette abbaye n'est plus aujourd'hui qu'une ferme. Au milieu de la cour, on voit la source; c'est une fontaine dont le bassin peut avoir cinq à six pieds de diamètre. La Somme passe à St.-Quentin, à Péronne, à Corbie, à Amiens, à Abbeville, et tombe dans la Manche entre le Crotoy et St.-Valery. Ce département comprend la partie occidentale de la Picardie. Chef-lieu, Amiens.

Tarn, rivière de la Guïenne, prend sa source à l'extrémité du Gévaudan, près de Florac; traverse le Rouergue, en passant à Milhaud dans la haute Marche, à Albi, à Gaillac dans le Languedoc, entre en Guïenne, baigne Montauban, reçoit l'Aveyron, et se rend dans la Garonne au dessus de Moissac, dans le Quercy. Ce département est un de ceux que forment le haut Languedoc et l'Albigeois. Chef-lieu, Albi.

Tarn et *Garonne*, composé d'une partie du Quercy. Chef-lieu, Montauban.

Var, rivière de Provence, prend sa source près de la vallée de Barcelonnette, au nord-est de Colmars; séparant la Provence du Piémont, elle passe à Guillaumes, Entrevaux, Glandèves, et se perd dans la Méditerranée, à une petite distance de Nice. Son département occupe la partie orientale de la basse Provence. Chef-lieu, Draguignan.

Vaucluse, une des plus belles sources de l'Europe, est à trois lieues à l'est d'Avignon. Après avoir traversé une plaine magnifique, on entre dans un vallon terminé par un demi-cercle de rochers. En continuant sa route par un sentier étroit et caillouteux, on trouve, au pied de ces masses énormes, un antre que son obscurité rend effrayant. Des arceaux surbaissés, des pierres brutes en forment la voûte. On peut y entrer, quand l'eau est basse. La première caverne, qui se présente, a plus de 60 pieds de haut; l'autre, qui paroît avoir 100 pieds de large et presqu'autant de profondeur, n'a qu'environ 20 pieds d'élévation. C'est vers le milieu de cet antre que se trouve la source de Váucluse ; *Vallis clausa.* Cette source est célèbre par les amours de Pétrarque et de la belle Laure. Ce département renferme une petite partie de la Provence, la principauté d'Orange et le Comtat Vénaissin. Chef-lieu, Avignon.

Vendée a sa source dans le bas Poitou, peu éloignée de celle de la Sèvre Nantaise. Son cours est du nord au sud ; après avoir passé à Fontenai-le-Comte, elle se joint à la Sarre Niortaise près de Marans. Ce département est formé du bas Poitou. Chef-lieu, Bourbon-Vendée.

Vienne sort du haut Limosin, passe à Saint-Léonard, près de Limoges ; puis, dirigeant son cours vers le nord, elle entre dans le Poitou, elle y arrose Isle-Jourdain, Châtellerault, reçoit la Créuse, pénètre dans la Touraine, passe à Chinon, et se rend dans la Loire au dessous de cette ville. Son département renferme le haut Poitou. Chef-lieu, Poitiers sur le Clain.

Vienne (Haute). Son département est formé du haut Limosin et d'une partie de la haute Marche. Chef-lieu, Limoges.

Vosges, grande chaîne de montagnes couvertes de bois, séparant la Lorraine de l'Alsace et de la Franche-Comté. Ce département renferme une partie de la Lorraine et la principauté de Salm. Chef-lieu, Epinal.

Yonne tire sa source des montagnes du Morvan, contrée du Nivernais, près de Château-Chinon ; elle passe à Clameci, où elle reçoit le Beuvron ; de là à Auxerre, à Joigny, à Sens, et se joint à la Seine à Montereau. Ce département se compose de la partie la plus occidentale de la Bourgogne et de la Champagne. Chef-lieu, Auxerre.

FIN.

MAPPE-MONDE
ou
Description du Globe Terrestre
suivant les nouvelles découvertes

Par F. Delamarche fils

1816

Longitude du Meridien de l'Isle de Fer

L'EUROPE
suivant ses Nouvelles
Divisions

Echelle

Cercle Polaire Arctique

LAPONIE

SUEDE

ISLES BRITANNIQUES

DANEMARC

la Manche

RUSSIE EUROPE

PARTIE D'ASIE

POLOGNE

HONGRIE

PETITE TARTARIE

MER NOIRE

Constantinople

TURQUIE

MER MEDITERRANEE

Sicile

Sardaigne

Corsica

Madrid

Lisbonne

AFRIQUE

Tripoli

Tunis

Alger

OCEAN

MER CASPIENNE

ISLES BRITANNIQUES

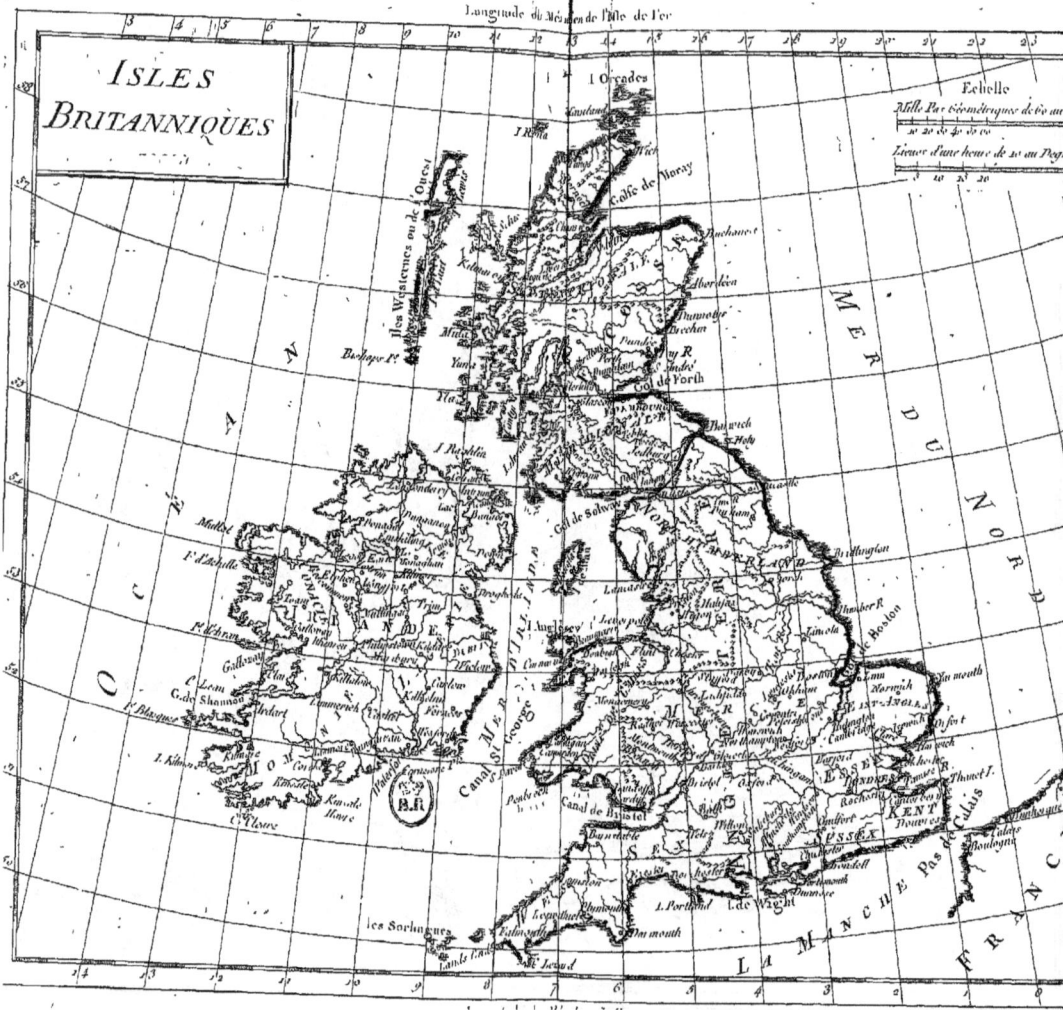

Longitude du Méridien de l'Isle de Fer

I Orcades

MER DU NORD

OCEAN

LA MANCHE Pas de Calais

FRANCE

Echelle

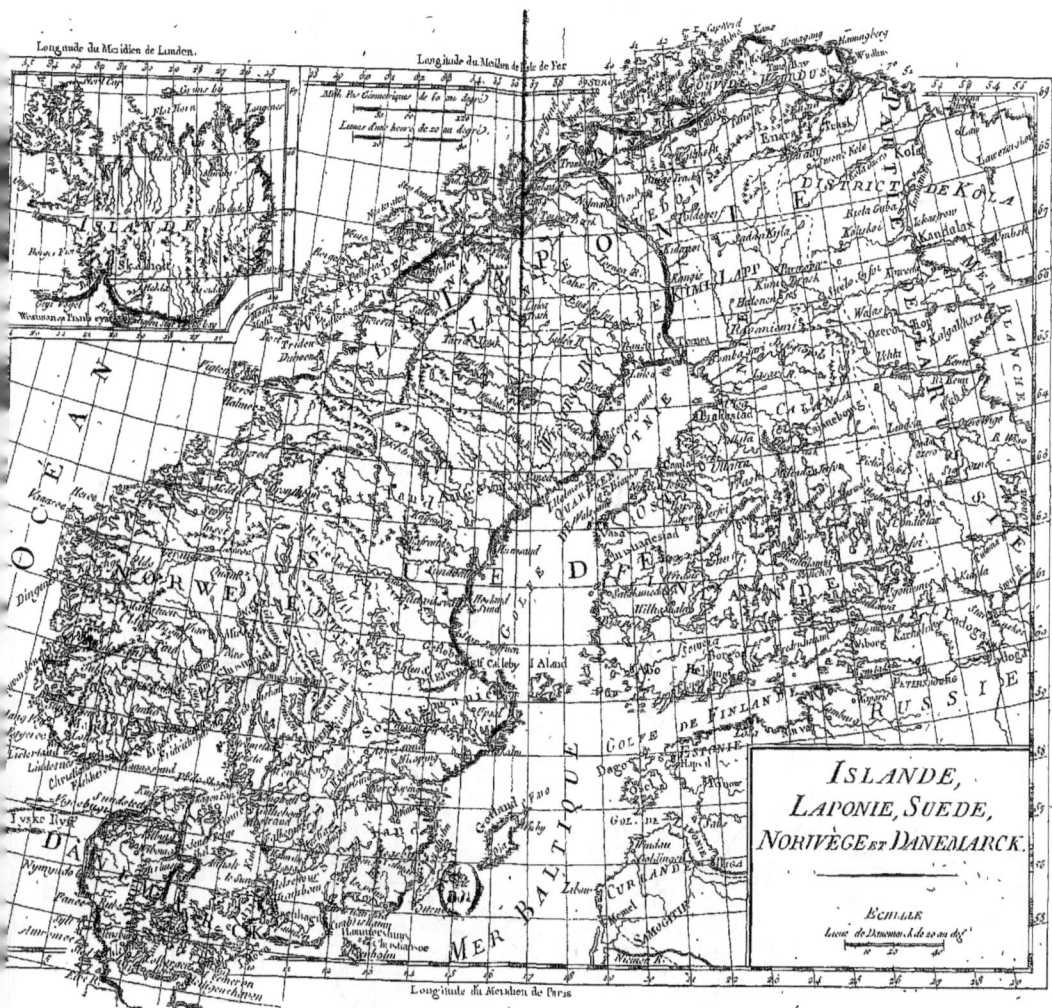

OCÉAN

ISLANDE

LAPONIE

DISTRICT DE KOLA

MER BLANCHE

NORWEGE

SUÈDE

DIVISIONS

RUSSIE

DANEMARCK

MER BALTIQUE

GOLFE DE FINLANDE

CURLANDE

**ISLANDE,
LAPONIE, SUEDE,
NORVÈGE ET DANEMARCK.**

ECHELLE
Lieues de Danemarck de 20 au deg.

PARTIE SEPTENTRIO.
ET MERIDIONALE DE LA
RUSSIE EUROPEENNE
TARTARIE RUSSIENNE
ET PETITE TARTARIE.

MER GLACIALE

Kandenoss   Kalgnew

LAPONIE RUSSIENNE

Cercle Polaire

Province de Persor

ASIE

Borandai

Archique

MER BLANCHE

Province de Mezen

GOUVERNEMENT D'ARCHANGEL

Ziranie

SUEDE

FINLANDE

GOLFE DE FINLANDE

Pays de Wologda

Prov. de Galice

Provi. de Chinow Waïtka

Pays de Vologda

Wologda

GOUVERNEMENT DE NOVOGOROD

GOUVERNEMENT DE MOSCOU

Moscou

Province de Casan

Oulinski

POLOGNE

GOUVERNEMENT DE SMOLENSKO

GOUVERNEMENT DE KIOW

GOUVERNEMENT D'OREL

Province Ufa

Baskirs

TARTARIE RUSSIENNE

Cosaques du Jaik

Molilow
Rohaczow

Kiow

UKRAINE

Nogais

Targowelza

PETITE TARTARIE

Bender
BESSARABIE

Tartares Nogais

Nogais

Achermou ou
Bialogorod

CRIMEE

CIRCASSIE

MER CASPIENNE

Kozlow
Bachaseraï

MER NOIRE

ANGLETERRE

ALLEMAGNE

LA MANCHE

O C É A N

ITALIE

LONDRES

ESPAGNE

Les Monts Pyrénées

Golfe de Lyon

MER MÉDITERRANÉE

I. DE CORSE

Echelle

LA FRANCE

divisée

EN 32 GOUVERNEMENS.

ROYAUME
DE FRANCE,
Divisé en ses Departemens
avec les principaux Chefs-lieux.

DÉPARTEMENS.
Partie du Nord-Est.

I. du Pas de Calais.	XI. du Loiret.
II. de la Somme.	XII. des Ardennes.
III. de l'Oise.	XIII. de la Marne.
IV. de Paris.	XIV. de l'Aube.
V. de la Seine et de l'Oise.	XV. de la Meuse.
VI. d'Eure et Loir.	XVI. de la H.te Marne.
VII. du Loir et du Cher.	XVII. de la Moselle.
VIII. du Nord.	XVIII. de la Meurte.
IX. de l'Aisne.	XIX. des Vosges.
X. de Seine et Marne.	XX. du Bas Rhin.
	XXI. du H.t Rhin.

LA MANCHE

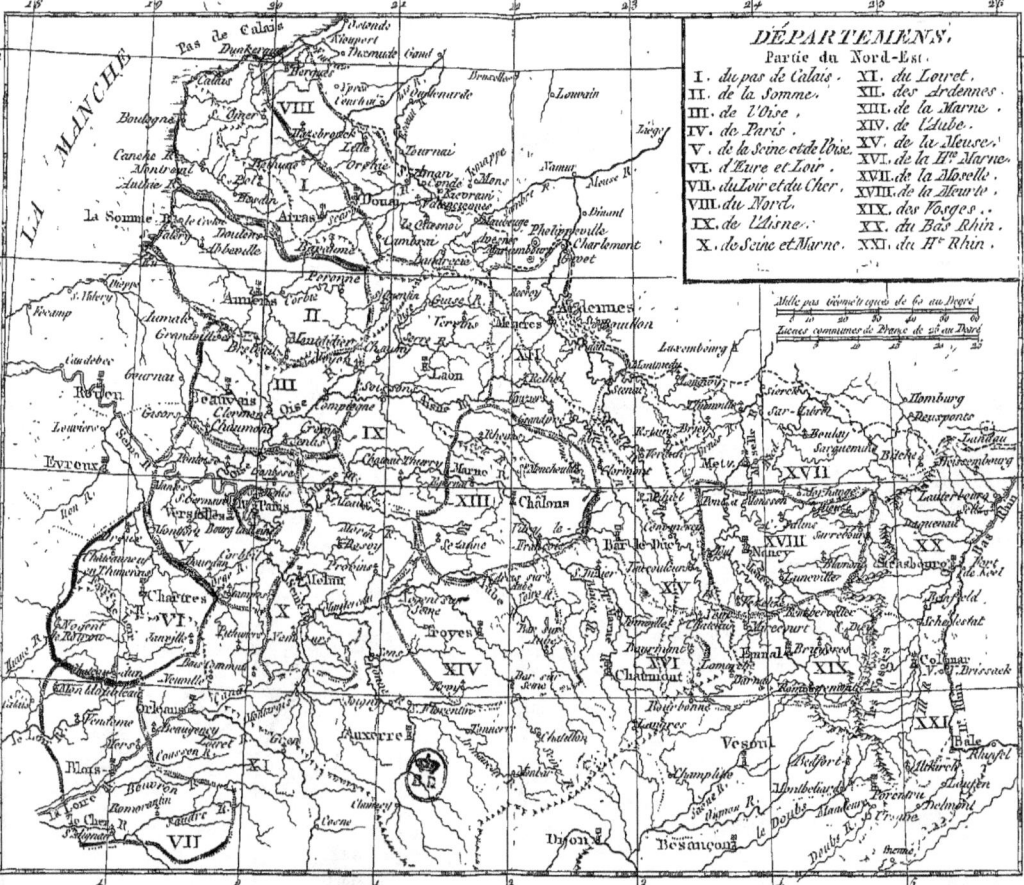

Longitude Orientale du Méridien de Paris.

L A   M A N C H E

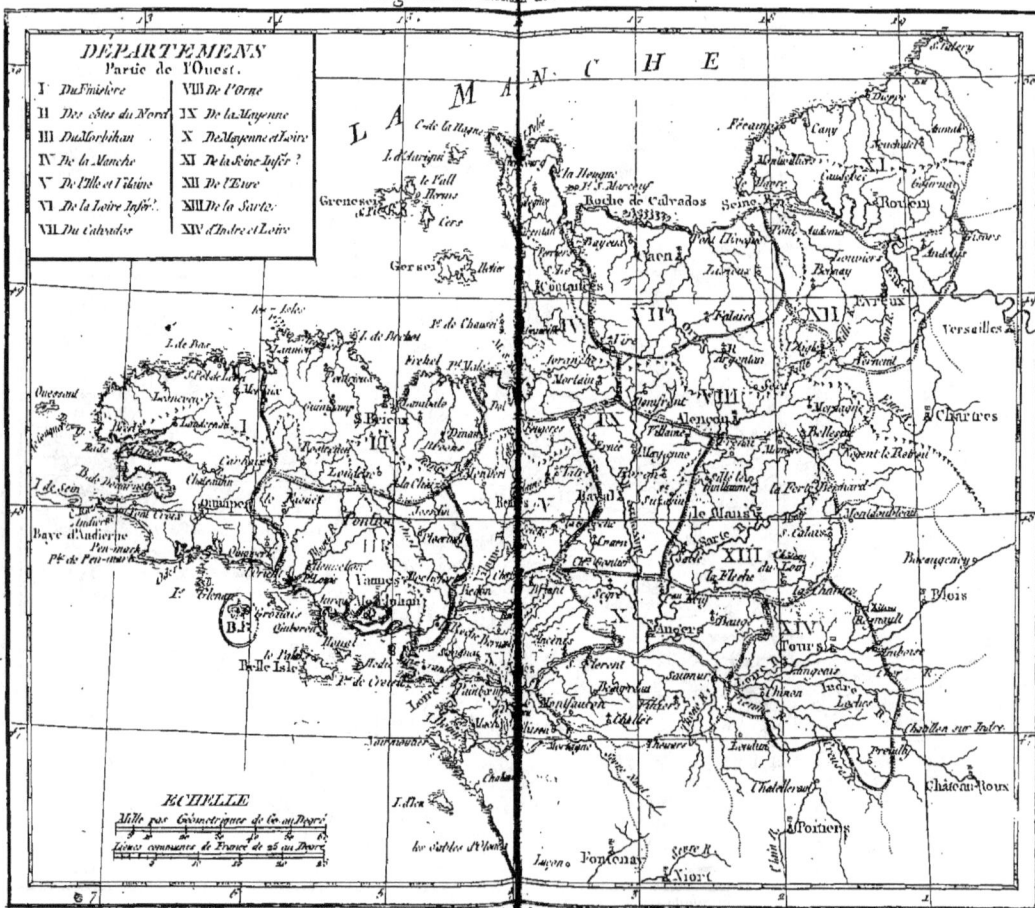

DEPARTEMENS
Partie de l'Ouest.

I   Du Finistère
II   Des côtes du Nord
III Du Morbihan
IV   De la Manche
V   De l'Ille et Vilaine
VI   De la Loire Infér.
VII Du Calvados

VIII De l'Orne
IX   De la Mayenne
X   De Mayenne et Loire
XI   De la Seine Infér.
XII   De l'Eure
XIII De la Sarte
XIV   d'Indre et Loire

ECHELLE
Mille pas Géometrique de 60 au Degré
Lieues communes de France de 25 au Degré

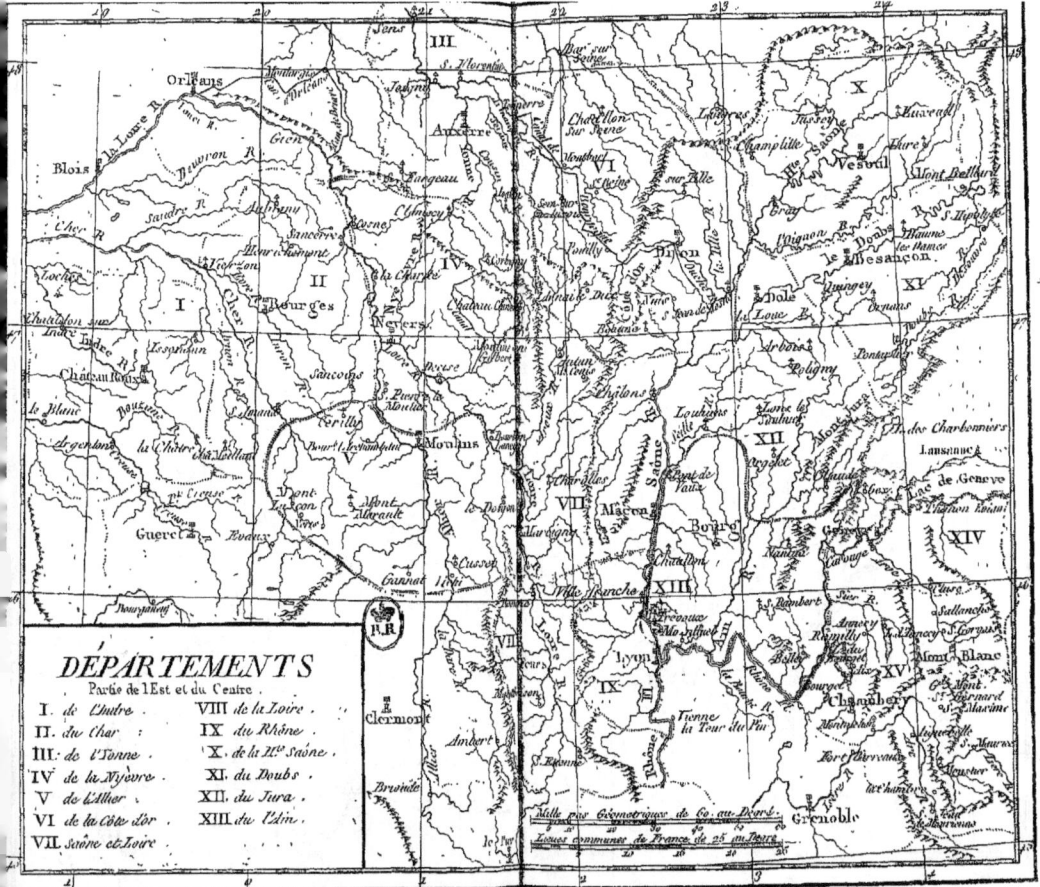

DÉPARTEMENS
Partie de l'Est et du Centre.

I. de Chatre.   VIII. de la Loire.
II. du Cher.   IX. du Rhône.
III. de l'Yonne. X. de la H.te Saône.
IV. de la Nyevre. XI. du Doubs.
V. de l'Alher.   XII. du Jura.
VI. de la Côte d'Or. XIII. du l'Ain.
VII. Saône et Loire.

Longitude Orient.le du Méridien de Paris

Milles geométriques de 60. au Degré.
Lieues communes de France de 25. au Degré.

DÉPARTEMENTS

Partie de l'Ouest et du centre.

I. de la Vendée.	VI. de la H.^{te} Vienne.
II. des deux Sevres.	VII. de la Creuse.
III. de la Vienne.	VIII. du Puy de Dôme.
IV. de la Charente Inf.^{re}	IX. de la Corrèze.
V. de la Charente.	X. du Cantal.

OCEAN

Nantes · Ancenis · Angers · Saumur · Tours

Beaupreau · Cholet · Thouars · Loudun · Richelieu

Montaigu · Chatillon · Bressuire · Chatellerault · Château-Roux

Bourbon-Vendée · Fontenay · Niort · Melle · Montmorillon · la Souterraine · Gueret · Moulins

les Sables d'Olonne · Luçon · Ruffec · Confolens · Bourganœuf

la Rochelle · Rochefort · Angely · Vienne · Limoges · Felletin · Rheims

Saintes · Jarnac · Cognac · Angoulème · Clermont

Tour de Cordouan · Barbezieux · St Yrieix · Uzerche · Ussel · Mont d'or · Issoire · Ambert

Etang de Cazaux · Corrèze · Tulle · Mauriac · Salers · Murat · Brioude

Bis. de Cazaux · Pergueux · Brive · le Cantal · St Flour · le Puy

Bordeaux · Montpon · Dordogne · Cere R.

I. de la Madeleine · Cahors

Echelle

Longitude Occident.^{le} du Méridien de Paris

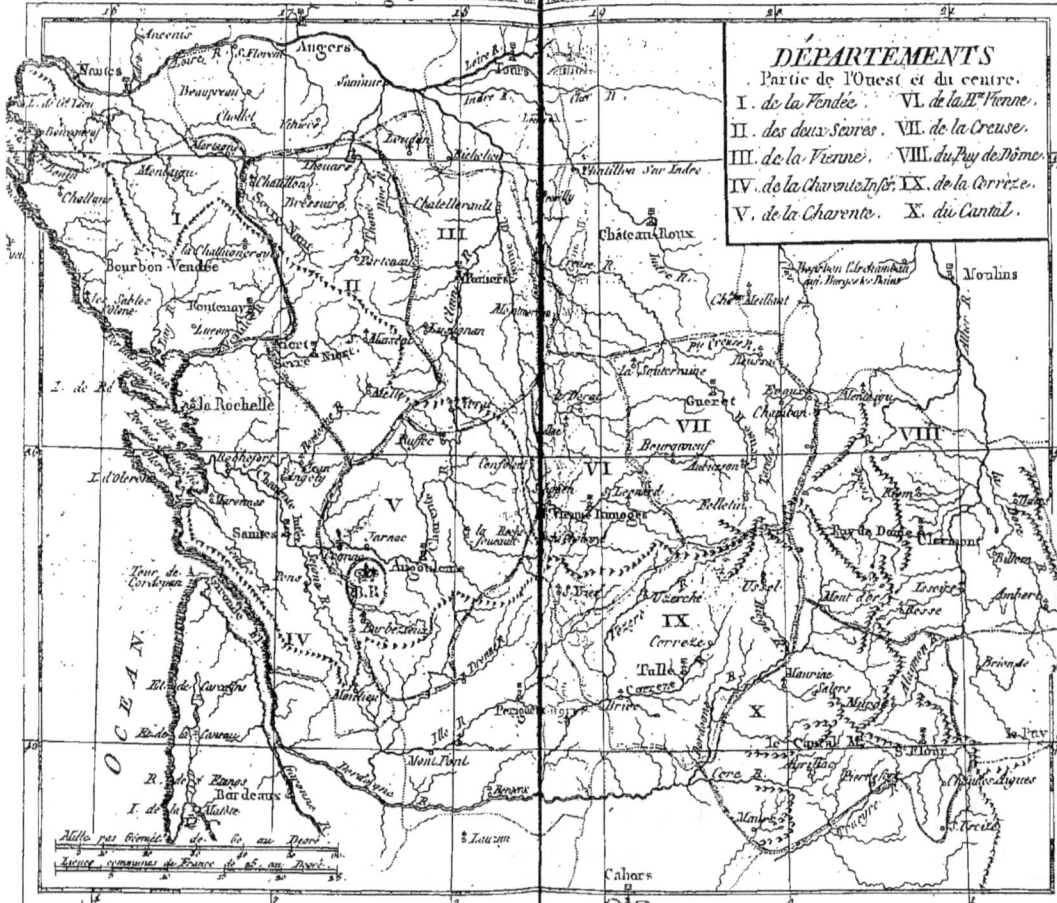

OCÉAN

les Monts Pyrenées

ÉCHELLE

D'EPARTEMENTS.
Partie de l'Ouest et du Sud.

I . de la Gironde auj. Bec d'Amber.	VI . de Lot et Garonne
II . de la Dordogne	VII . des Basses Pyrénées
III . du Lot	VIII . des H^{tes} Pyrénées
IV . de l'Aveiron	IX . du Gers
V . des Landes	X . H^{te} Garonne
XI . Tarn et Garonne	

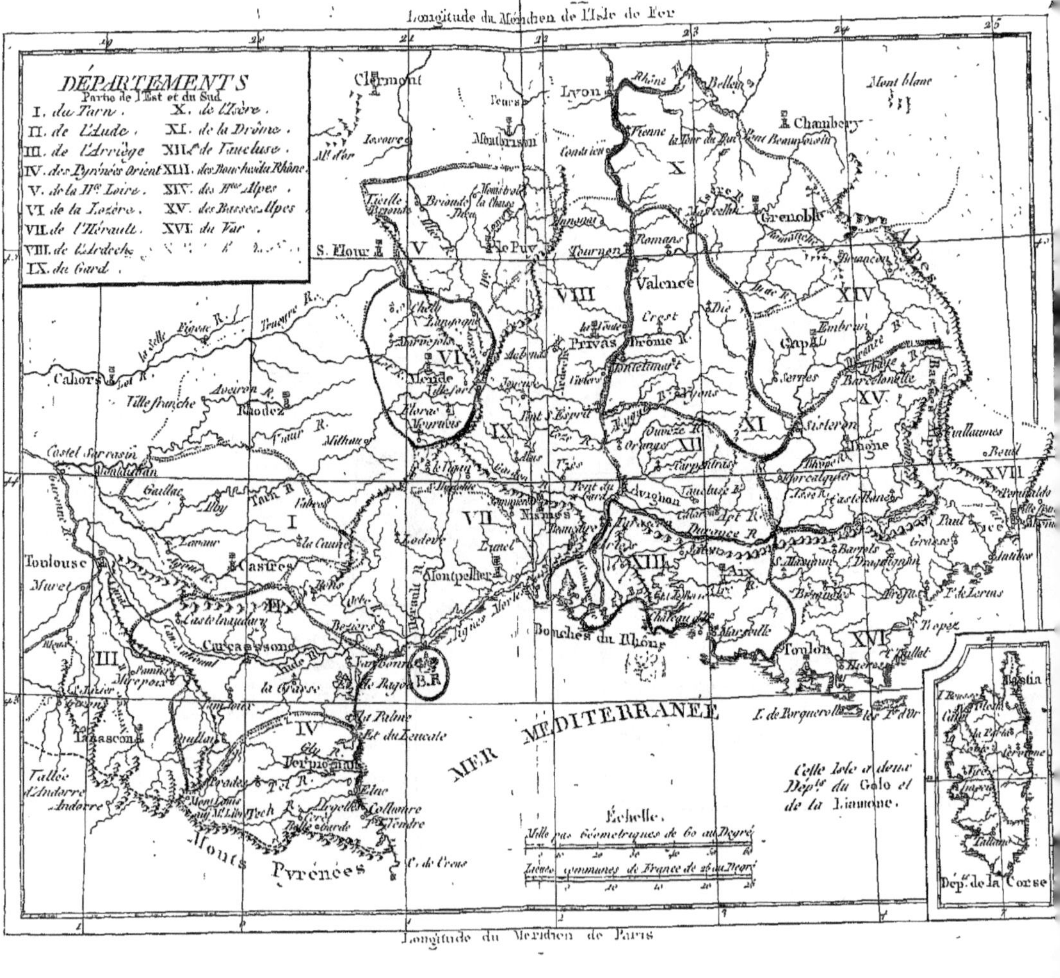

Longitude du Méridien de l'Isle de Fer
DÉPARTEMENTS
Partie de l'Est et du Sud
I. du Tarn.
II. de l'Aude.
III. de l'Arriège
IV. des Pyrénées Orient.
V. de la Hte Loire.
VI. de la Lozère.
VII. de l'Hérault.
VIII. de l'Ardeche
IX. du Gard.
X. de l'Isère.
XI. de la Drôme.
XII. de Vaucluse.
XIII. des Bouches du Rhône.
XIV. des Htes Alpes.
XV. des Basses Alpes
XVI. du Var.
Clermont
Lyon
Chambery
Mont blanc
Montbrison
Grenoble
Valence
Privas
Cahors
Rhodez
Toulouse
Castres
Carcassonne
Narbonne
Perpignan
Montpellier
Nismes
Avignon
Aix
Marseille
Toulon
Gap
Mende
Le Puy
S. Flour
Tarascon
Andorre
Monts Pyrénées
MER MEDITERRANEE
Bouches du Rhône
Dép.t de la Corse
Cette Isle a deux Dép.ts du Golo et de la Liamone.
Échelle.
Longitude du Méridien de Paris

Longitude du Méridien de l'Isle de Fer

Echelle
Mille Pas Géométriques de 60 au Degré
Lieues de Hollande de 20 au Degré

OCÉAN

ZUIDERZEE

MER DE BASSE SAXE

Amsterdam

Utrecht

La Haye

Leyde

Middelbourg

Bruges

Gand

Bruxelles

Louvain

Lille

Tournay

Haynaut

Namur

Mons

Dinant

Luxembourg

Charleville
Mezieres

Treves

Coblentz

Cassel

Waldeck

Paderborn

Gottingue

Hanovre

Hildesheim

Osnabruck

Munster

Bremen

Oldenbourg

Stade

Hambourg

Elbe

Zell

Evêché de Munster

Haut-Evêché de Munster

DU HAUT RHIN

CERCLE DU HAUT RHIN

FRANCE

ROYAUME
des PAYS ~ BAS
PARTIES
du Royaume de PRUSSE
et de HANOVRE.

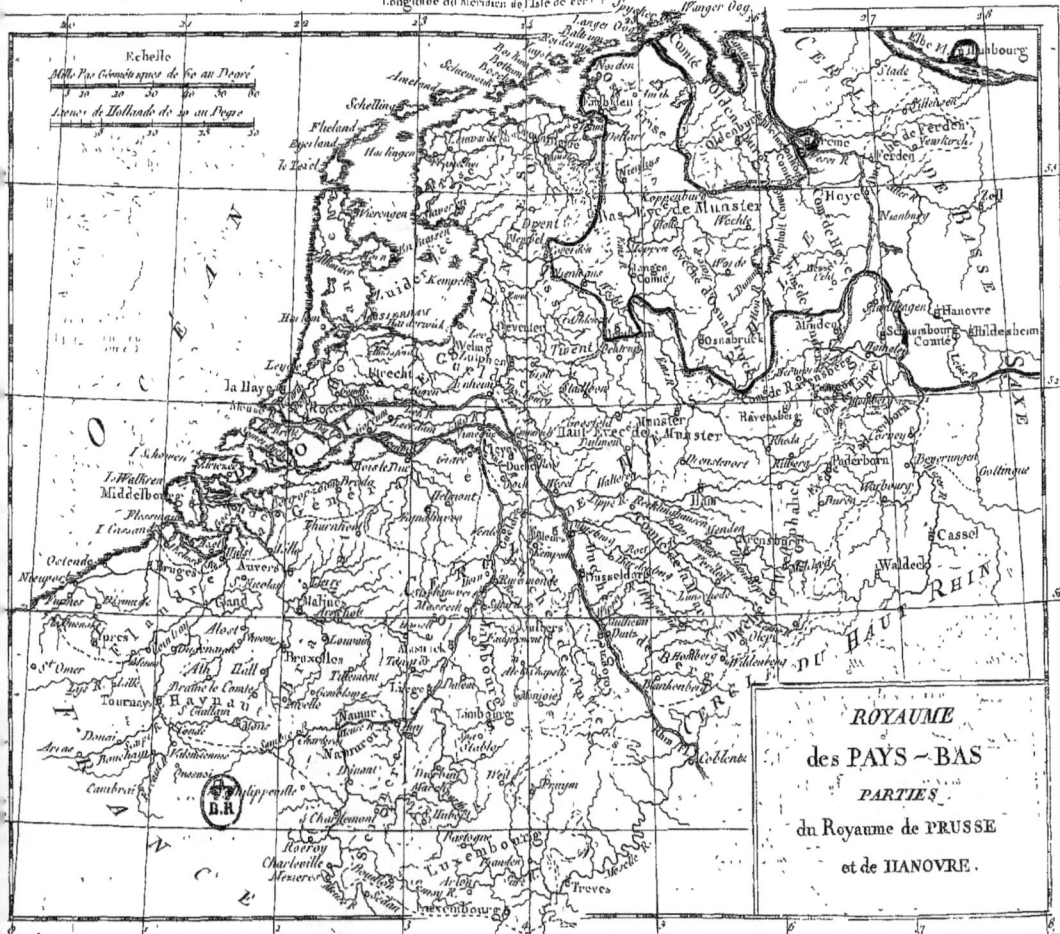

Longitude du Méridien de Paris

ROY.ME DES PAYS-BAS

Lieues communes de France, de 25 au Degré

Myriamètres

MER DU NORD

Utrecht

Munster
Paderborn
Arensberg

Middelbourg
Bruges
Anvers
Breda
Gand
Bruxelles
Lille
Arras
Mons
Namur
Liège
Cologne
Coblence
Mayence

Amiens
Mezieres
Luxembourg
Treves
Metz

Rheims
Châlons

Laon
Rhetel

Partie méridionale
DES PAYS-BAS

I. Département de la Lys
II. de l'Escaut
III. des deux Nèthes
IV. de la Meuse Inférieure
V. de la Dyle
VI. de Jemappes
VII. de l'Ourte
VIII. de Sambre et Meuse
IX. des Forêts, formant le G.d D.é de Luxembourg
X. de la Roer
XI. de la Sarre
XII. de Rhin et Moselle
XIII. du Mont Tonnerre

formant le G.d Duché
du Bas Rhin
suivi de Buvre
au roi de Bavière

Barriere Sculp.

Longitude du Meridien de Paris

EMPIRE
D'ALLEMAGNE

Cantons / Chefs-Lieux

	Cantons	Chefs-Lieux
1	Bâle	Bâle
2	Soleure	Soleure
3	Berne	Berne
4	Fribourg	Fribourg
5	Neufchâtel	Neufchâtel
6	Vaud	Lausanne
7	Genève	Genève
8	Valais	Sion
9	Argovie	Arau
10	Lucerne	Lucerne
11	Schaffhouse	Schaffhouse
12	Zurich	Zurich
13	Zug	Zug
14	Schwitz	Schwitz
15	Glaris	Glaris
16	Underwald	Stantz
17	Ury	Altorf
18	Tessin	Bellinzone
19	Turgovie	Fravenfeld
20	Saint-Gal	Saint-Gal
21	Appenzel	Appenzel
22	Grisons	Coire

Longitude du Méridien de l'Isle de Fer

LA SUISSE
aujourd'hui
RÉPUBLIQUE HELVÉTIQUE
Divisée en ses 22 Cantons

ECHELLE
Mille Pas Géométriques de 60 au Degré.
Lieues Moyennes de Suisse de 20 au Degré.

Longitude du Méridien de Paris

LA POLOGNE
avec ses démembremens.

à la Prusse
à l'Autriche
à la Russie
Royaume de Pologne

Echelle

Mille Pas Géométriques de 60 au Degré

Lieues de Pologne de 15 au Degré

ESPAGNE
ET
PORTUGAL

L'ITALIE
suivant
les Nouvelles Divisions,
des différens États.

Echelle
Milles d'Italie de 60 au Degré
Lieues d'une Heure

ROYAUME DE SARDAIGNE.

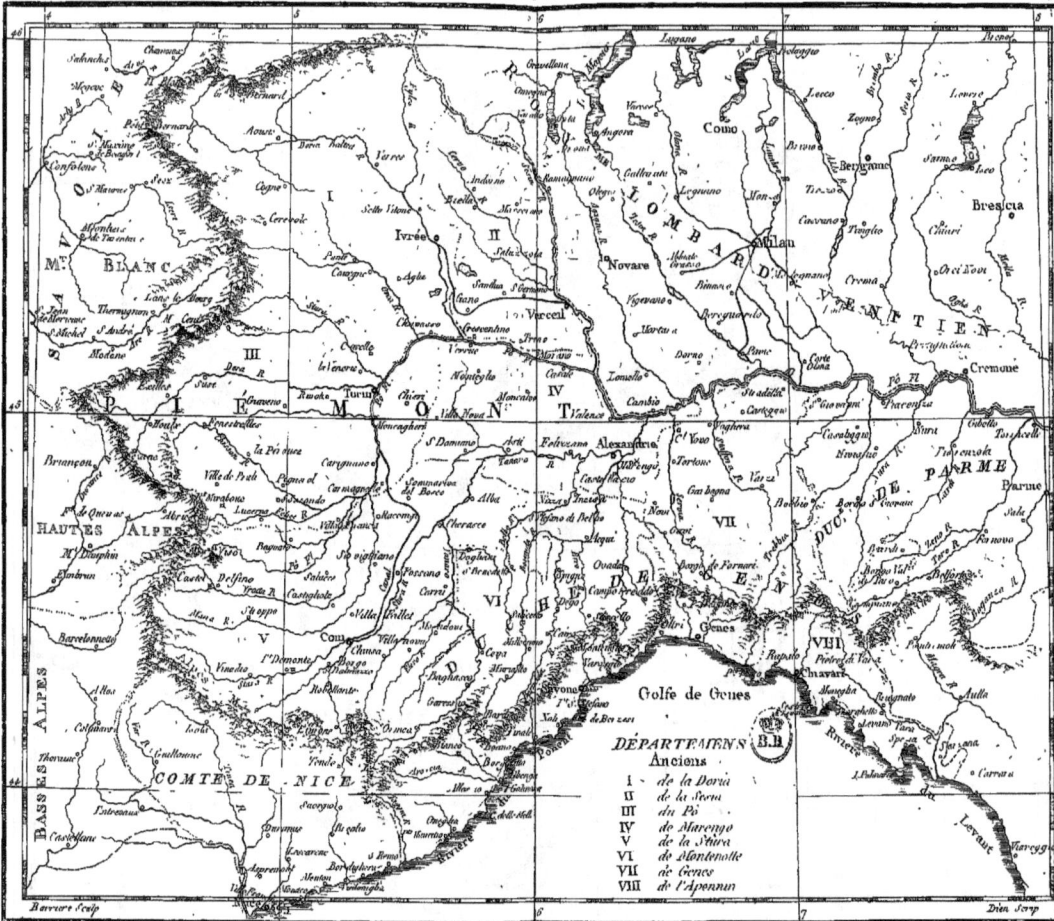

SAVOIE
Mt. BLANC
PIEMONT
HAUTES ALPES
BASSES ALPES
COMTE DE NICE
LOMBARD.
VENETIEN
DUC.DE PARME
Golfe de Genes
Levant

Como
Milan
Novare
Verceil
Ivrée
Turin
Alexandrie
Genes
Brescia
Bergame
Cremone
Placenta
Parme
Briançon
Embrun
Barcelonette

DÉPARTEMENS
Anciens
I — de la Doria
II — de la Sesia
III — du Pô
IV — de Marengo
V — de la Stura
VI — de Montenotte
VII — de Genes
VIII — de l'Apennin

Longitude à l'Est du Méridien de Paris

Myriamètres ou Lieues nouvelles

Lieues communes de France de 25 au Degré

Barriere Sculp.   Dien Scup.

ALLEMAGNE
MORAVIE
Monts Crapaks
POLOGNE
Tartares d'OCZE. TARTARIE

AUTRICHE
VIENNE
Presbourg
HONGRIE
Bude Pest
Transylvanie
Moldavie
Bender
Akerman

Belgrade
Tergowisk
Valaquie
Buchorest
Bouches du Danube
Mangalia

GOLFE
DE
VENISE
BOSNIE
SERVIE
Bulgrie
Nicopoli
Silistrie
Varna

D'ITALIE
Ragusa
Sophie
Philippopoli
MER NOIRE

Antivari
Croia
Durazzo
Macedoine
Romanie

Naples
CONSTANTINOPLE
Mer de Marmara
Dardanelles
Eski Stambol

ANATOLIE

HONGRIE
ET
TURQUIE D'EUROPE

Smyrne

Cephalonie
Zante
Morée
Samos

ECHELLE
Mille pas Géométriques de 60 au degré
30   60   180
Lieue d'une heure
10   20   30   45   60

C. Matapan
Cerigo
Rhodes

MER
MEDITERRANÉE

de Candie

Longitude du Méridien de l'Isle de Fer

MER GLACIALE

Echelle

EUROPE

AFRIQUE

RUSSIE

TARTARIE

CHINE

INDES

MER DES INDES

OCEAN ORIENTAL ou MER DU SUD

Tropique du Cancer

Ligne Equinoctiale ou Equateur

ISLES DU JAPON

Philippines

I.les Carolines

Terre des Papous

L'ASIE

Divisée en ses

principaux Etats.

MER GLACIALE

SIBÉRIE

TARTARIE CHINOISE

SIBÉRIE,
TARTARIE CHINOISE
ET ISLES DU JAPON.

Lieues d'une heure de 20 au Degré

Longitude du Meridien de Paris.

205 210 215 220 225 230 235 240 245 250 255 260 265 270

LES ISLES DE LA SONDE,
MOLUQUES, PHILIPPINES,
CAROLINES,
ET MARIANNES.

Mille Par Géométrique de 60 au degré
Lieues Marines ou d'une Heure.

CHINE

TONQUIN COCHINCHINE

PRESQU'ISLE Orientale des INDES

R.me de SIAM

I. Hainan

ROYAUME DE SIAM

MER DU SUD

Tropique du Cancer

Isles des Babayanes et Batanes

ISLE MAXILLE ou LUÇON

ISLES DES LARRONS ou MARIANNES

ARCHIPEL

ISLES PHILIPPINES

Isles de Palaos ou N.lle Philippines

ISLES CAROLINES

Equateur

TERRE des PAPOUS ou N.lle GUINÉE

ISLES DE LA SONDE

BORNEO

MOLUQUES

90 95 100 105 110 115 120 125 130 135 140 145

L'AFRIQUE

Divisée en ses

principaux Etats

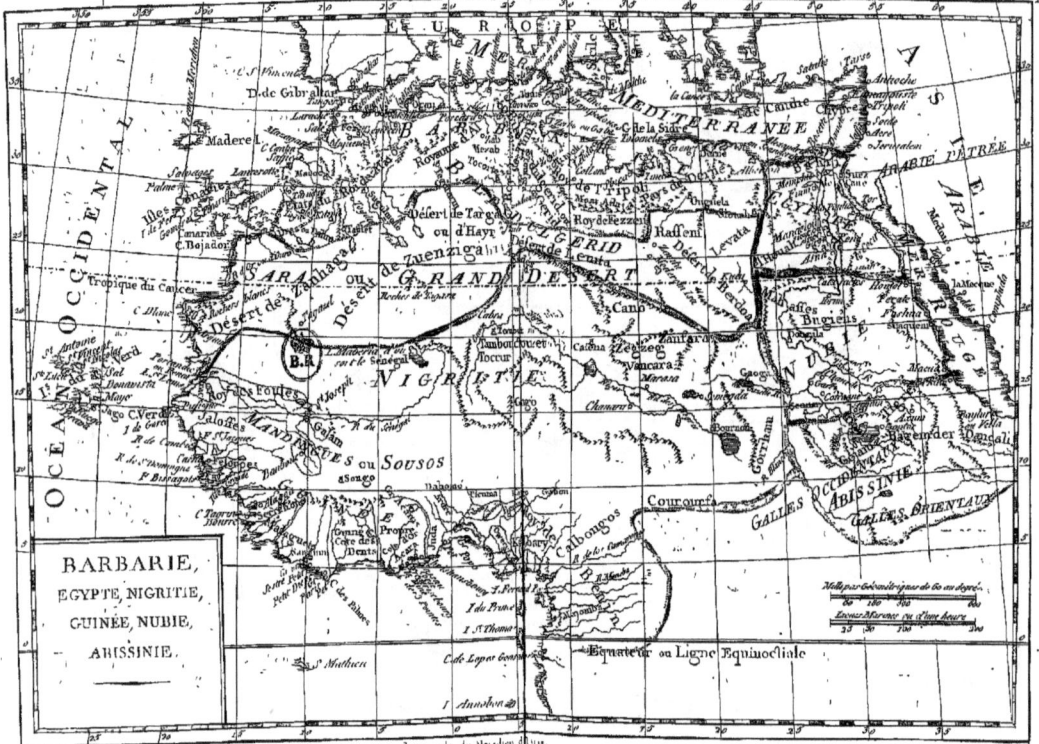

BARBARIE,
EGYPTE, NIGRITIE,
GUINÉE, NUBIE,
ABISSINIE.

OCÉAN OCCIDENTAL

EUROPE

MÉDITERRANÉE

BARBARIE

SAHARA ou de Zuenziga GRAND DESERT

NIGRITIE

GUINÉE

ABISSINIE

NUBIE

ARABIE PÉTRÉE

ARABIE

MER ROUGE

Équateur ou Ligne Équinoctiale

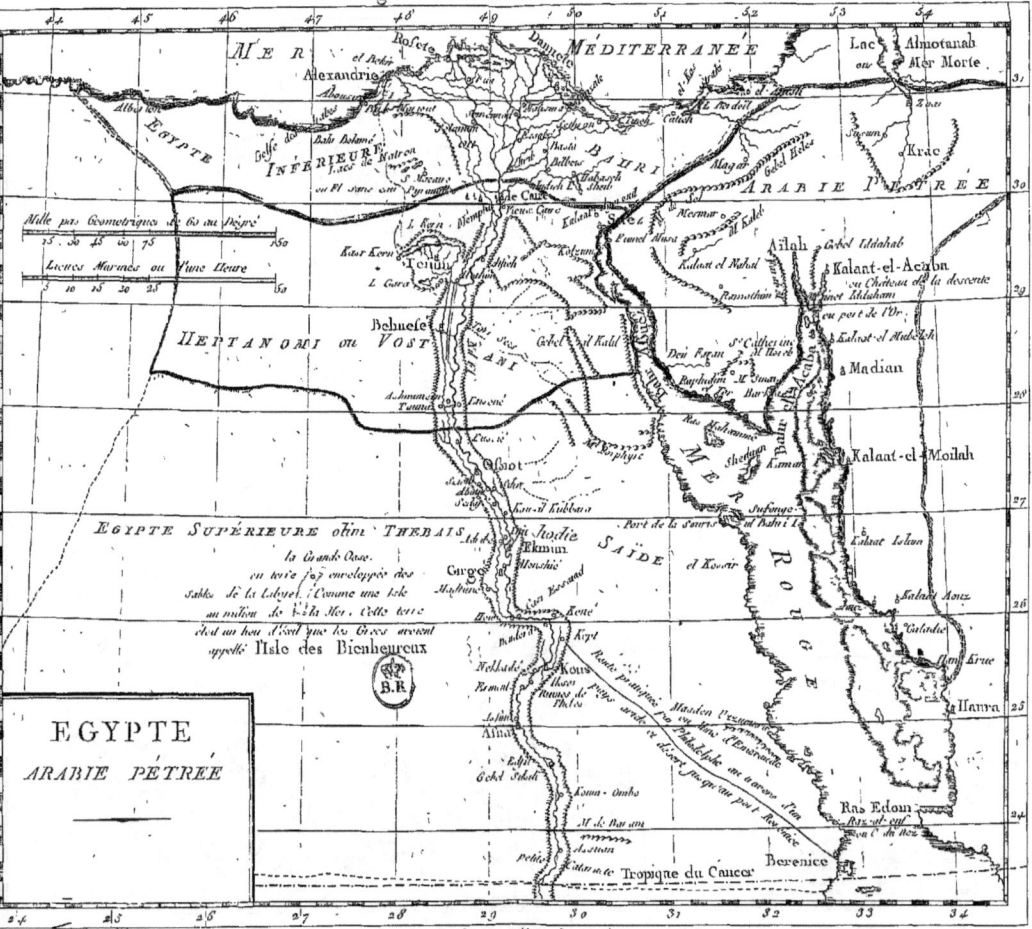

AMÉRIQUE

MÉRIDIONALE.

Equateur

Tropique du Capricorne

Longitude du Meridien de l'Isle de Fer.

285 290 295 300 305 310 315 320 325

CANADA

MER DU NORD

GOLFE DU MEXIQUE

CHEROKEES

CREEKS

Sud Caroline

Nord Caroline

Charlestown

Port Royal

FLORIDE OCCIDENTALE

Echelle

Milles d'Angleterre de 70 au degré

Lieues Communes de France de 25 au degré

Lieues Marines de 20 au degré

ETATS – UNIS.

DE

L'AMERIQUE

Divisés en 13 Provinces avec leurs
Limites, suivant le Traité de paix
fait le 20 Janvier 1783.

90 85 80 75 70 65 60

1985

www.ingramcontent.com/pod-product-compliance
Lightning Source LLC
Chambersburg PA
CBHW052046090426

42739CB00010B/2068